BONNE RO

MÉTHODE
DE FRANÇAIS

1B

**LEÇONS
18 à 34**

Pierre Gibert
*Ancien directeur pédagogique
de l'Alliance Française de Paris*

Philippe Greffet
*Agrégé de l'Université
Secrétaire général
de l'Alliance Française de Paris*

avec la collaboration de

Alain Rausch
Danielle van Zundert

ALLIANCE FRANÇAISE
HACHETTE

Bonne route 1

- Livre de l'élève
  Deux versions : — 1 seul volume, *Bonne route 1* (leçons 1 à 34)
                  — 2 volumes,   *Bonne route 1A* (leçons 1 à 17)
                                  Bonne route 1B (leçons 18 à 34)
- Cassettes sonores
- Guide pédagogique (leçons 1 à 34)

Le signe indique les textes ou exercices enregistrés sur les cassettes sonores.

Couverture : Graphir
Maquette intérieure : Mosaïque
Dessins : Anne-Marie Vierge et Laurent Lalo
Documentation : Brigitte Farina, Anne Pekny, Michèle Pesce

ISBN 2.01.013592.X

© 1988 — Hachette, 79, bd Saint-Germain — F 75006 PARIS

INTRODUCTION

1. Le public

Bonne route 1 s'adresse à des étudiants – grands adolescents ou adultes – débutant en français. On ne peut définir de classe-type. La diversité des situations d'enseignement : culture nationale, habitudes d'apprentissage, perception de la langue étrangère, effectifs des classes, durée et fréquence des leçons, entraîneront des utilisations très diverses du matériel proposé qui a été conçu en ce sens. Le rôle du professeur est capital.

2. Les objectifs généraux

Apporter aux étudiants en 200-250 heures une base grammaticale solide et progressive, un vocabulaire utile et nuancé ; en bref, faire acquérir les moyens linguistiques pour s'exprimer en français dans des situations courantes et comprendre différents types de textes. L'ensemble des matériaux permet aussi à l'étudiant de l'Alliance Française de se préparer aux épreuves du Certificat élémentaire de français pratique.

3. Le matériel

- Le livre de l'étudiant en 1 ou 2 volumes (*Bonne route 1* : 34 leçons / ou *Bonne route 1A* : leçons 1 à 17, et *Bonne route 1B* : leçons 18 à 34).
- Les cassettes sonores : elles contiennent les textes de départ (dialogues et récits), les dictées, les exercices de prononciation, des textes d'auteurs et des chansons.
- Le guide pédagogique : il donne au professeur les pistes d'exploitation, certains corrigés d'exercices et propose des démarches souples.

4. L'organisation et le contenu du livre

Chacune des 34 leçons se répartit sur 7 pages contenant de 25 à 30 exercices :

- **page 1 :** Dialogues ou textes permettant d'aborder le thème et de découvrir les différents éléments linguistiques de la leçon.

Les personnages apparaissant au fil du livre n'ont pas de lien précis entre eux, mais ils appartiennent à un monde familier à tous ; leurs préoccupations sont universelles.

- **page 2 :** « Pour mieux comprendre » : exercices et questions destinés à faciliter la compréhension du texte de départ.

- **pages 3-4 :** « Pour pratiquer la grammaire ».

La présentation des faits grammaticaux est délibérément composée de petites unités (tableaux et nombreux exercices) permettant un travail systématique sur les principales difficultés de langue. Beaucoup d'éléments seront repris et développés dans *Bonne route 2*.

« Pour bien prononcer » : identification des sons du français par leur opposition significative dans des mots et des phrases.
Exercices d'écoute ou de répétition pour travailler phonétique et intonation.

- **pages 5-6 :** « Pour aller plus loin » : élargissement du thème, enrichissement lexical, approche de la civilisation française.

Les documents de ces pages sont très variés : photos, dessins, poèmes, courts extraits littéraires. Les activités, orales ou écrites, permettent à l'étudiant d'utiliser activement ce qu'il a appris dans les pages précédentes et de renforcer sa motivation.

- **page 7 :** « Pour travailler à la maison » : page de récapitulation et de bilan.

On y trouve le résumé des contenus de la leçon, des conseils pour l'étudiant, la liste des mots nouveaux ; 4 à 5 exercices lui permettent d'évaluer ses progrès.

L'ensemble est conçu comme un cadre assez ouvert pour que chacun puisse y tracer son propre chemin. Alors, bonne route !

18

Tous partis !

*Micheline Lucet, épouse de Pierre Lucet, mère de Serge, Thérèse et Hélène,
et Gisèle Mazières.*

(Au téléphone)

GISÈLE MAZIÈRES : ....

MICHELINE LUCET : Oui... elle-même... Qui est à l'appareil ? Ah... c'est
toi Gisèle...

GISÈLE MAZIÈRES : ....

MICHELINE LUCET : Quoi ? Inviter toute la famille à dîner, samedi prochain... Tu es gentille... Merci ! Mais... je suis toute
seule à la maison. Tout le monde est parti !

GISÈLE MAZIÈRES : ....

MICHELINE LUCET : Eh bien... Serge est parti le premier, il y a huit
jours, avec un de ses copains de lycée. Ils vont pas-
ser deux semaines au bord de la mer.

GISÈLE MAZIÈRES : ....

MICHELINE LUCET : J'ai oublié le nom : un petit port breton. Ils ont fait
de l'auto-stop et ils campent.

GISÈLE MAZIÈRES : ....

MICHELINE LUCET : Hélas non ! Ne parlons pas du bac ! Serge, lui, a
déjà tout oublié... pour la planche à voile...

GISÈLE MAZIÈRES : ....

MICHELINE LUCET : Hélène ? Depuis trois jours elle est chez son oncle, à
la campagne, pas très loin de Toulouse...

GISÈLE MAZIÈRES : ....

MICHELINE LUCET : Oui, toute seule. Elle a pris le train de nuit et elle
est arrivée sans mal à la ferme. J'ai eu une carte ce
matin.

GISÈLE MAZIÈRES : ....

MICHELINE LUCET : Pardon ? Pierre ? Non... pas encore. Il est en voyage
d'affaires à l'étranger. D'abord, à Madrid... puis à
Rabat... avec un arrêt à Lisbonne. Une petite tournée d'une dizaine de jours... Tu vois, la maison est
un peu morte.

GISÈLE MAZIÈRES : ....

MICHELINE LUCET : Entendu pour samedi prochain... Compte sur moi...
Vers sept heures et demie. Mes amitiés à Vincent.
Bonsoir !... et merci encore.

1 *Voici les questions et les réponses de Gisèle Mazières (en désordre). Rétablissez la conversation.*

so, then

    a. Comment ça ? Tout le monde ? Où donc ?

    b. Et ton mari, il est en vacances, lui aussi ?   *lui aussi — him also*

    c. Oui, c'est bien moi. Dis donc, vous êtes libres samedi prochain ? Je voudrais vous inviter à dîner... Toute la famille.

    d. Et Hélène ?

    e. Serge a réussi au bac ?

    f. Tu ne vas pas rester seule samedi prochain ! Viens dîner à la maison ; vers sept heures et demie, nous comptons sur toi !   *About*

    compter — to count

    g. Elle a voyagé toute seule ?

2 *Voici la carte d'Hélène. Lisez cette carte et la conversation.*

Cadalen, le 6 août

Cher papa, chère maman

Je suis bien arrivée il fait très beau. Avec Mylène on fait des promenades dans les champs et les bois. Des petits chats viennent de naître...

Je vous embrasse tous les deux très fort.

Hélène

CADALEN 6-8 198. 2,20

Monsieur et Madame Lucet
84, avenue de la
république
91940 Les Ulis

MICHELINE : Oui, toute seule. Elle a pris le train de nuit et elle est arrivée sans mal à la ferme... J'ai eu une carte ce matin.

GISÈLE : Qu'est-ce qu'elle écrit ?

MICHELINE : Elle écrit que...

tous sont ici mais plu
toutes sont la fem plu

3 *Observez. Rien / quelque chose – personne / quelqu'un – tous / toutes.*

cassette

4 *Complétez.*

personne   *land worker*

Il n'y a ... à la maison ; ils sont *tous* partis ! Thérèse est travailleuse : elle a toujours *quelque chose* à faire. Serge, lui, ne fait *rien* Son copain Éric est ... *quelqu'un* de sympathique ; il a toujours envie de faire ... d'intéressant. Éric et Serge sont gourmands : hier ils ont mangé *tous* les chocolats d'Hélène ! Samedi, Gisèle et Micheline ont fait des courses ... les deux. Elles ont acheté ... les nouveaux livres du mois.

toutes   *tous before les*

5 *Lecture ou dictée.*

Où est donc la famille Lucet ? M. Lucet, lui, est en voyage d'affaires à l'étranger. Thérèse, la fille aînée, travaille, loin de sa famille, du côté de Grenoble. Serge, le fils, vient de partir en Bretagne et campe au bord de la mer. La petite Hélène est à la campagne, chez son oncle. Et Mme Lucet est restée toute seule, dans sa maison vide... Heureusement, elle va rencontrer ses vieux amis Mazières !

POUR PRATIQUER LA GRAMMAIRE

Le passé composé

a. Le passé composé avec être

S	1	Je **suis allé(e)** à Paris.	Nous **sommes allé(e)s** à Toulouse.	1	P
I	2	Tu **es allé(e)** au cinéma.	Vous **êtes allé(e)s** en Italie ?	2	L U
N G U L I E R	3	On / Il **est** ⎯ **allé** / **allée** au restaurant. Elle	Ils **sont** **allés** / **allées** chez Paul. Elles	3	R I E L

Remarque : Pour le passé composé avec **être** dans les phrases négatives et interrogatives : voir le passé composé avec **avoir.**

b. L'accord du participe passé

Le participe passé s'accorde en genre et en nombre avec le sujet.

*Exemples : Il est all**é** / elle est all**ée** ; ils sont all**és** / elles sont all**ées** ;
je (masc.) → je suis all**é** ; je (fém.) → je suis all**ée**.*

c. Quel auxiliaire ?

Quelques verbes n'ont jamais de complément d'objet direct ; au passé composé, ils se conjuguent avec l'auxiliaire **être.**

Exemples : aller → Je suis allé(e) à Paris. – venir → Je suis venu(e) à Paris.

Remarque : Voir leçon 17 les verbes qui n'ont pas de complément d'objet direct et se conjuguent avec l'auxiliaire **avoir.**

d. Comment former le participe passé ?

1. arriver → arrivé ; entrer → entré ; rester → resté.
2. aller → allé ; venir → venu ; partir → parti.

6 *De Paris à Madrid... Écrivez les phrases. Attention à l'accord !*

Exemple : il → Il est parti de Paris hier soir et il est arrivé à Madrid ce matin.

mon amie – mes parents – mon frère et moi – ma mère et ma tante – nous –
M. et Mme Lamy – moi – ton frère et toi – toi.

7 *M. et Mme Lamy ont fait un beau voyage. Racontez.*

Exemple : par le train, partir de Paris, le 15 juin → Le 15 juin, ils sont partis de Paris par le train.

le 16 juin, à dix heures du matin, arriver à Madrid – descendre à l'hôtel « Manolete » – rester huit jours à Madrid – sortir avec leurs amis espagnols – de Madrid, aller à Séville, passer par Cordoue – partir de Séville, le 10 juillet, descendre à Agadir – à Agadir, rester dix jours – rentrer à Paris, par avion, le 25 juillet.

Les verbes à deux auxiliaires

Il	sort	le chien.
sujet + verbe +	complément d'objet direct	→ Il **a** sorti le chien.

Il	sort	par la fenêtre.
sujet + verbe +	complément circonstanciel	→ Il **est** sorti par la fenêtre.

[handwritten top:] no agreement with 'avoir' past participle + subject.

8 Qu'est-ce qu'ils ont fait ? Faites des phrases. Attention à l'auxiliaire !

Exemple : Philippe, faire de l'auto-stop, aller au bord de la mer → *Philippe a fait de l'auto-stop et est allé au bord de la mer.*

Édith, descendre sa valise, aller à la gare – Mme Mazières, téléphoner, inviter Mme Lucet – mes cousines, voyager en Italie, passer par la Suisse – Marina, inviter son amie Sylvie, sortir avec elle – Ursula, prendre le train, arriver à six heures du soir – Mme Lamy, aller en Espagne, rester deux jours à Madrid – Sylvie, rester un mois à Venise, rencontrer ses amis italiens – mon oncle et ma tante, venir à Paris, passer trois semaines avec nous.

[handwritten annotations: est descendue · à · est allée · a téléphoné · invitée · a invité · sont voyagées · sont passées · est sortie · est arrivée · sont venus sont restés]

Les verbes naître et mourir

Ces verbes s'emploient souvent au passé composé. Le verbe *mourir* s'emploie surtout à la troisième personne.

[handwritten: motion verb - être]

Je suis né en 1944. Elle est née en 1970.	Il est mort en 1968. Elle est morte en 1973.

9 Quand êtes-vous né(e) ? Répondez.

Il y a ... heure(s), mois, an(s)

Elle est née il y a deux ans.

Il y a deux ans qu'elle est née.

10 Il y a... Faites des phrases.

Exemple : Il est cinq heures ; le train est parti à quatre heures. → *Le train est parti il y a une heure. Ou Il y a une heure que le train est parti.*

Il est 18 h 20 ; le bus est passé à 18 h. – Il est 9 h 30 ; le train est arrivé à 9 h 15. – Nous sommes en 1987 ; Linda est née en 1983. – Nous sommes en 1980 ; Joseph est mort en 1930. – C'est le mois de décembre ; Renata est née au mois d'août. – Nous sommes lundi ; Markus est mort samedi. – Nous sommes le samedi 12 ; Luigina est partie le samedi 7.

[handwritten: neuf quinze · dix-huit · dix-huit · trente · dix-neuf cent · quatre vingt et un · douze · trente et un · sept · dix-neuf cent quatre vingt sept · dix-neuf cent quatre vingt trois]

11 Vous êtes né(e)(s)... il y a combien de temps ? Répondez.

Exemple : Je suis né(e) il y a ... ou Il y a ... que je suis né(e).

POUR BIEN PRONONCER

Les sons [s] / [z]

Ma cousine Sandrine Lucet, eh bien, c'est la sœur de Gisèle Mazières !

12 Écoutez ; répétez.

a. Nous sommes le samedi soir six mars, et madame Lucet est seule. – A la semaine prochaine, bonsoir et merci ! – Est-il optimiste ou pessimiste ? Comme ci, comme ça... – Il a gagné au tennis, mais il a eu de la chance.

b. Ma cousine aime les oiseaux. – J'ai besoin d'une douzaine d'œufs et de deux ou trois autres choses. – La salade niçoise est délicieuse, la tarte maison aux fraises aussi. Et le rosé ? – Gisèle est paresseuse.

c. Gisèle est aussi paresseuse que sa sœur Sandrine. – Pour la deuxième fois, où est passé mon sac ? – Serge est optimiste et il a souvent de la chance ; Gisèle est paresseuse, elle n'aime pas les sciences, mais elle aime écouter les oiseaux.

Écoutez une deuxième fois et écrivez.

Partir

13 **Où et quand les Français partent-ils en vacances ?**

Mode d'hébergement	%
Résidence secondaire	9,8
Hôtel	13,2
Location	12,8
Résidence secondaire de parents et amis	9,3
Tente, caravane	12,0
Autres	8,7
Résidence principale de parents et amis	34,2

Genre du séjour	%
Circuit	6,3
Sports d'hiver	9,8
Mer	35,7
Montagne (hors sports d'hiver)	12,8
Campagne	24,7
Ville	10,7

Part des séjours en France et à l'étranger	%
France	84,6
Étranger	15,4

Séjours à l'étranger	%
Été	16,7
Hiver	12,6

Oct.	Nov.	Déc.	Janv.	Fév.	Mars	Avr.	Mai	Juin	Juil.	Août	Sept.
3,3 %	1,2 %	7,8 %	1,3 %	7,1 %	7,0 %	6,1 %	4,0 %	6,1 %	25,4 %	26,1 %	4,6 %

Et vous, quand partez-vous ? Où allez-vous ? Passez-vous vos vacances dans votre pays ? à l'étranger ? en France ? Quel hébergement choisissez-vous ? Pourquoi ? Dialoguez avec votre voisin, votre voisine.

14 **Météo. Quel temps a-t-il fait, aujourd'hui, en France ?**

Pour vous aider : en Bretagne, en Corse, dans les Landes, le Centre, le Nord, le Sud (le Midi), l'Est, l'Ouest, le Nord-Est, le Sud-Ouest, à Paris, dans la région de Toulouse.

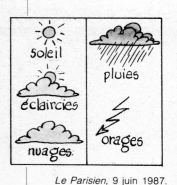

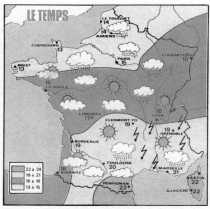

Le Parisien, 9 juin 1987.

il fait beau / mauvais
    chaud / froid
il y a du soleil
    des nuages
    des éclaircies
    des averses (des ondées)
    de la pluie
    de la neige
    des orages
    du brouillard
    du vent
le temps est ensoleillé
    nuageux (couvert)
    orageux
il pleut
il neige

Et chez vous, quel temps a-t-il fait ?

15 **Rédigez la carte postale de vacances de Serge : à sa mère, à sa petite amie.**

Il parle de l'endroit où il est, du temps qu'il fait, de ce qu'il fait...
Rédigez votre propre carte de vacances.

16 *À l'agence de voyages.*

Renseignez-vous sur les possibilités et les conditions d'hébergement en Corse.

Corse : Les Calanques

À 7 km d'Ajaccio :
jardin, piscine, chambres confortables avec loggia et vue sur mer.
Chambres de 2 à 4 lits avec salle de bains. Draps et linge de
toilette fournis, entretien des chambres deux fois par semaine.
Accueil, bar, restaurant, animation, night-club.

PRIX PAR PERSONNE POUR UNE SEMAINE						
CHAMBRE DOUBLE PENSION COMPLÈTE VIN + ANIMATION	du 12/04 au 28/06 du 30/08 au 27/09		du 28/06 au 12/07 du 26/07 au 02/08 du 23/08 au 30/08		du 12/07 au 26/07 du 02/08 au 23/08	
	Adulte	Enfant 2 à 9 ans	Adulte	Enfant 2 à 9 ans	Adulte	Enfant 2 à 9 ans
Paris-Ajaccio	**2 965**	**2 160**	**3 200**	**2 290**	**3 600**	**2 530**
Sans transport	**1 685**	**960**	**1 920**	**1 090**	**2 270**	**1 280**
Semaine suppl.	**1 565**	**860**	**1 800**	**990**	**2 150**	**1 180**

17 *Répondez à cette annonce.*

LES CARAÏBES EN JANVIER. J.H.,
28 ans, recherche compagne(s), compa-
gnon(s) de route pour « balade » aux An-
tilles-Caraïbes cet hiver (janvier 88).
Louer un voilier à plusieurs, naviguer
d'îles en îles. De Guadeloupe aux Grenadi-
nes. Les Petites Antilles, les îles du Vent.
Pousser, éventuellement, jusqu'au Vene-
zuela. Expérience de la voile bienvenue.
Tél. 69.20.00.00.

18 *Vacances d'hier, vacances d'aujourd'hui.*
Cherchez les différences.

19 *Lecture.*

Trois enfants marchent le long d'une grève. Ils s'avancent côte à côte, se tenant par la main. [...]
Il fait très beau. Le soleil éclaire le sable jaune d'une lumière violente, verticale. Il n'y a pas un nuage dans le ciel. Il n'y a pas, non plus, de vent. L'eau est bleue, calme, sans la moindre ondulation venant du large...

ALAIN ROBBE-GRILLET, *La Plage,* extrait d'« Instantanés », Éditions de Minuit.

« La France et les départements et territoires d'Outre-mer »

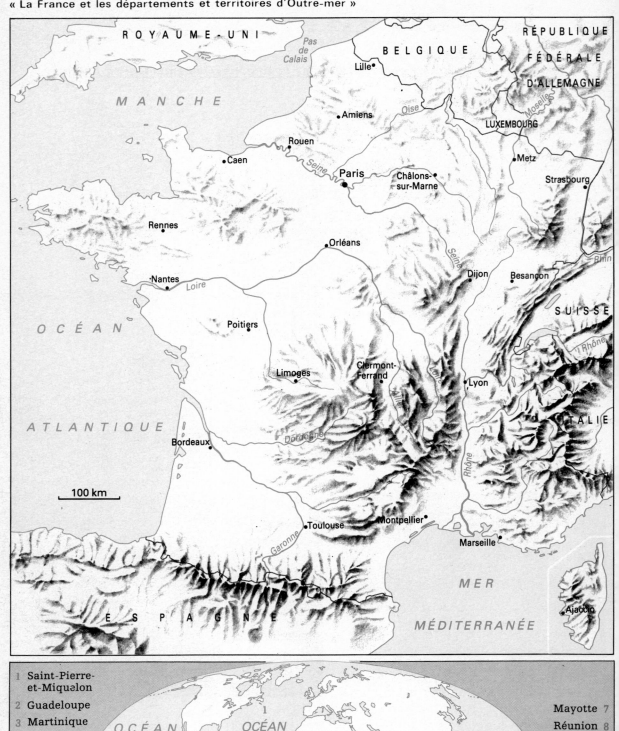

ROYAUME-UNI

BELGIQUE

RÉPUBLIQUE
FÉDÉRALE
D'ALLEMAGNE

Pas de Calais

Lille•

MANCHE

Amiens•

Oise

LUXEMBOURG

Rouen•

Metz•

Moselle

Caen•

Seine

Paris•

Châlons-sur-Marne•

Strasbourg•

Rhin

Rennes•

Orléans•

Dijon•

Besançon•

OCÉAN

Nantes•

Loire

Poitiers•

Seine

SUISSE

ATLANTIQUE

Limoges•

Clermont-Ferrand•

Rhône

Lyon•

ITALIE

Bordeaux•

Dordogne

Rhône

100 km

Garonne

Toulouse•

Montpellier•

Marseille•

MER

ESPAGNE

MÉDITERRANÉE

Ajaccio•

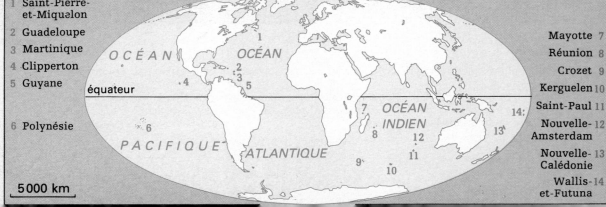

1 Saint-Pierre-et-Miquelon
2 Guadeloupe
3 Martinique
4 Clipperton
5 Guyane

6 Polynésie

OCÉAN

OCÉAN

équateur

PACIFIQUE

ATLANTIQUE

OCÉAN
INDIEN

Mayotte 7
Réunion 8
Crozet 9
Kerguelen 10
Saint-Paul 11
Nouvelle-Amsterdam 12
Nouvelle-Calédonie 13
Wallis-et-Futuna 14

5000 km

LEÇON 18

Pour travailler à la maison *(handwritten)*

expressions et mots nouveaux

Aîné(e), *adj.*
Arrêt, *n. m.*
Auto-stop, *n. m.*
Bois, *n. m.*
Bord, *n. m.*
Breton(ne), *adj.*
Camper, *v.*
Carte, *n. f.*
Champ, *n. m.*
Chat, *n. m.*
Chien, *n. m.*
Compter (sur), *v.*
Côté (du ... de), *loc. adv.*

Descendre, *v.*
Donc, *conj.*
Embrasser, *v.*
Épouse, *n. f.*
Fenêtre, *n. f.*
Ferme, *n. f.*
Heureusement, *adv.*
Mer, *n. f.*
Mort(e), *adj.*
Mourir, *v.*
Naître, *v.* (né, née)
Personne, *pron. indéf.*
Planche à voile, *n. f.*
Port, *n. m.*

Près de, *prép.*
Promenade, *n. f.*
Que, *conj.*
Quelqu'un, *pron. indéf.*
Quelques-uns (unes), *pron. indéf.*
Sans mal, *loc. prép.*
Seul(e), *adj.*
Sortir, *v.*
Tournée, *n. f.*
Travailleur(euse), *adj.*
Valise, *n. f.*
Vers, *prép.*
Vide, *adj.*

- ■ **Inviter.**
- ■ **Refuser, accepter une invitation.**
- ■ **Raconter.**
- ▶ **Le passé composé avec être.**
- ▶ **Les verbes à deux auxiliaires.**
- ▶ **Les verbes naître et mourir.**
- ▶ **Il y a ... heure(s), ... mois, ... an(s).**
- ▶ **Les sons [s] / [z].**
- ● **Partir.**

1 *Complétez les phrases.*

Vous m'invitez ? C'est gentil !
Vous m'invitez ? Vous ... ... !
Tu m'... ? Tu ... ... !

Serge est parti le premier.
Serge et son copain ...
Hélène ...

Hélène a pris le train de nuit.
Serge et son copain ...
Vous ...

Compte sur moi !
Nous ... !

2 *Refaites l'exercice 8 de la page 7 et écrivez les verbes de cet exercice.*

- ● descendre, aller
- ● téléphoner, inviter
- ● voyager, passer
- ● inviter, sortir
- ● prendre, arriver
- ● aller, rester
- ● rester, rencontrer
- ● venir, passer

3 *Racontez au passé.*

avons passés (handwritten)

Le mois dernier, avec un copain, nous (passer) quelques jours en Bretagne, au bord de la mer. Nous (camper) sur la plage et nous (manger) dans un petit restaurant. Nous (faire) de la planche à voile tous les jours. Nous (aimer beaucoup) ce petit port breton et nous (rentrer) à Paris avec regret et un peu tristes.

avons campé / nous avons aimés / nous sommes rentrés (handwritten)

4 *Observez les trois premières phrases et complétez les phrases suivantes.*

Hier, Hélène a pris le train.
Aujourd'hui, elle prend le train. *présent (handwritten)*
Demain, elle va prendre le train.

a. Aujourd'hui, madame Mazières invite madame Lucet.
   Hier, ..*a invitée (handwritten)*   Demain, ...
b. Demain, Serge va faire de la planche à voile.
   Hier, ...   Aujourd'hui, ...
c. Aujourd'hui, Pierre passe à Lisbonne.
   Hier, ...   Demain, ...
d. Demain, il va arriver à Rabat.
   Aujourd'hui, ...   Hier, ...

Pour l'exercice 1, faites attention au genre (masculin, féminin) et au nombre (singulier, pluriel).
Pour l'exercice 4, revoyez le futur proche et le présent du verbe prendre.

il va faire (handwritten)

onze **11**

19 Ski, lecture ou tricot ?

meeting

Pierre, Françoise et leurs parents.

1. Pierre et son père.

PIERRE : Dis... Papa ! Qu'est-ce que nous allons faire pendant les vacances de Noël ?

LE PÈRE : Euh... Je ne sais pas, ta mère et moi, nous irons peut-être faire du ski, comme l'année dernière.

PIERRE : Et nous ? Nous irons avec vous ?

LE PÈRE : Oh vous ! Vous êtes encore un peu jeunes... non ? Toi, Pierre, tu ne préfères pas passer les fêtes chez tes grands-parents ?

PIERRE : Non, pas cette année ! Si vous faites du ski, j'en ferai aussi... Je suis assez grand maintenant !

2. Françoise et son père.

FRANÇOISE : Papa... demain, c'est dimanche... Qu'est-ce qu'on fait ?

LE PÈRE : Demain, nous irons à la campagne. Nous partirons de bonne heure, comme ça, avant midi, nous aurons le temps de faire une petite promenade à pied.

FRANÇOISE : Et nous mangerons au restaurant ?

LE PÈRE : Non... je ne pense pas. Ta mère va préparer des sandwiches, et nous pique-niquerons sur l'herbe ; il va faire beau, ce sera plus agréable.

3. Elle et Lui.

ELLE : On sort, ce soir ?

LUI : Tu sais... moi, ce soir, je préfère rester à la maison. Je vais regarder le match de foot à la télé.

ELLE : Quel sportif ! Tu aimes tout : le football, le rugby, le volley, le tennis... Tout ! mais... à la télévision... et dans un bon fauteuil... Sportif en chambre, quoi !

LUI : Tu exagères un peu... tu oublies le ski. Je fais du ski... moi !

ELLE : Oui, c'est vrai... Tu en fais beaucoup... huit jours par an ! Alors, nous restons ici ?... Je vais reprendre mon livre. Heureusement pour moi, il y a la lecture... *reading*

LUI : ... et le tricot !

1 *Répondez oui ou non et justifiez oralement vos réponses.*

    a. – Les parents de Pierre feront du ski pendant les vacances de Noël.
       – Pierre a fait du ski l'année dernière.
       – Monsieur et Madame Dupré aiment faire du ski.
    b. – Demain dimanche, parents et enfants iront à pied à la campagne.
       – Ils ne vont pas manger au restaurant.
       – Ils mangeront des sandwiches dans la voiture.
    c. – Madame Dupré aime bien regarder les matches à la télévision.
       – Elle aime bien la lecture.
       – Monsieur Dupré fait beaucoup de sport.

2 *Faites des phrases avec* c'est... / ce sera plus... / moins... *et un adjectif.*

Exemple : pique-niquer sur l'herbe (agréable)
    → *Pique-niquer sur l'herbe, ce sera plus agréable.*

    a. voyager en Concorde   ● agréable
    b. payer par chèque   ● rapide
    c. prendre l'avion pour aller à Nice   ● cher
    d. manger au restaurant   ● sympathique
    e. partir en vacances avec un copain ● confortable
    f. aller à Venise par le train   ● pratique

3 *Pour parler de l'avenir, on peut employer :*

● **le présent :**
*Exemple : Papa, qu'est-ce qu'on **fait** aux vacances de Noël ?*

● **le futur proche :**
*Exemple : Papa, qu'est-ce que nous **allons faire**... ?*

● **le futur :**
*Exemple : Papa, qu'est-ce que nous **ferons**... ?*

Mettez les phrases au futur proche ou au futur.

    a. Demain, nous irons à la campagne.
    b. Avant midi, on aura le temps de faire une petite promenade.
    c. Ta mère va préparer des sandwiches.
    d. Il va faire beau demain.
    e. Je vais reprendre mon livre.

4 *Complétez avec* dis..., euh..., je ne sais pas... *ou* tu sais... .

    a. ... qu'est-ce que nous ferons pendant les vacances de Noël ?
    b. ... moi, ce soir, je préfère rester à la maison.
    c. ... qu'est-ce qu'on fait dimanche ?
    d. ... ta mère et moi, nous irons peut-être faire du ski.
    e. ... nous irons peut-être manger au restaurant.
    f. ... je préfère lire ou tricoter.

5 *Lecture ou dictée.*

Monsieur et Madame Dupré font du ski huit jours par an. Leur fils, Pierre, voudrait bien en faire aussi. Son père n'est pas d'accord : Pierre est encore un peu jeune. Pierre, lui, pense qu'il est assez grand pour en faire.
Demain, il va faire beau. Les Dupré iront à la campagne. Françoise aime aller au restaurant ; son père, lui, préfère déjeuner sur l'herbe.
Ce soir, Madame Dupré a envie de sortir. Son mari, lui, préfère rester à la maison pour regarder un match à la télévision. Quel sportif !

Le futur des verbes visiter, finir, attendre, boire

		je, j'	tu	il, elle, on	nous	vous	ils, elles
verbe	radical	terminaisons					
visiter finir attendre boire	visit-e- fini- attend- boi-	**rai**	**ras**	**ra**	**rons**	**rez**	**ront**

Remarques : 1. Le temps :   **Passé   Présent   Futur** →

Les formes verbales :   Passé composé   Présent   Futur
2. Futur des verbes en **er :** formes de la 1ʳᵉ ou de la 3ᵉ personne du singulier du présent de l'indicatif + **rai, ras, ra, rons, rez, ront.** *Exemple :* acheter → j'achèterai, etc. ; appeler → j'appellerai, etc. ; payer → je payerai ou je paierai, etc.
3. On peut prononcer : je visit⟋rai, j'achèt⟋rai, j'appell⟋rai ; on prononce : je pai⟋rai.

Le futur des verbes être, avoir, aller, venir, faire

		je, j'	tu	il, elle, on	nous	vous	ils, elles
verbe	radical	terminaisons					
être avoir aller venir faire	se- au- i- viend- fe-	**rai**	**ras**	**ra**	**rons**	**rez**	**ront**

Remarques : 1. Ces verbes ont un radical particulier au futur.
2. On peut prononcer : je s⟋rai, je f⟋rai.

6 **L'année prochaine... Faites des phrases au futur.**

Exemple : moi, aller, Mexique, parler... → *L'année prochaine, j'irai au Mexique et je parlerai espagnol.*

Sylvie, aller, Italie, parler ... – Silvio et Marina, venir, France, parler ... – ma femme et moi, aller, États-Unis, parler... – ma sœur, aller, Cuba, parler ... – moi, aller, Pérou, parler ... – toi, aller, Angleterre, parler ... – Philippe Lamy, visiter, Brésil, parler ... – tes amis et toi, aller, Canada, parler... .

7 **Pendant les vacances... Faites l'exercice à trois.**

Exemple : vous, faire du ski → – *Pendant les vacances, est-ce que vous ferez du ski ?*
– *Oui, nous ferons du ski.* ou *Non, nous ne ferons pas de ski.*

vous, pique-niquer souvent – ton père et ta mère, faire des promenades à vélo – les deux cousines, jouer au tennis – Hélène, aller à la campagne – toi, faire de la planche à voile – Philippe, inviter ses copains – M. Lamy, rester à Paris.

8 **Posez la question et répondez par oui ou non. Faites l'exercice à trois.**

Exemple : sortir → *Est-ce que tu sortiras ce soir ? Oui, je sortirai.* ou *Non, je ne sortirai pas.*

aller au cinéma – être seul(e) – inviter des amis – regarder la télévision – jouer aux échecs – faire la cuisine – acheter du pain – venir chez moi.

Le pronom en

Le pronom **en** remplace un nom précédé par *de, du, de la, des*.

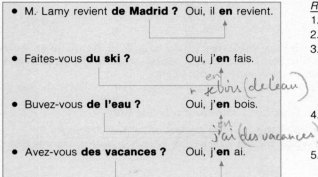

- M. Lamy revient **de Madrid ?**   Oui, il **en** revient.

- Faites-vous **du ski ?**   Oui, j'**en** fais.

- Buvez-vous **de l'eau ?**   Oui, j'**en** bois.

- Avez-vous **des vacances ?**   Oui, j'**en** ai.

Remarques :
1. Place de **en** : toujours **avant** le verbe.
2. Place de la négation : *je n'en bois pas.*
3. Avec un nom précédé d'une **expression de quantité** (beaucoup de, un peu de, etc.) :
   *Il y a **beaucoup de gens** ? Oui, il y en a beaucoup.*
4. Avec un nom précédé de **un, une** :
   *A-t-il **une sœur** ?   Oui, il **en** a **une** /
   Non, il n'**en** a pas.*
5. Avec un groupe de mots précédés par **de** : *As-tu envie **de jouer aux cartes** ?
   Oui, j'**en** ai envie.*

9   ***En faites-vous ? Posez la question et répondez par oui ou non. Faites l'exercice à trois.***

Exemple : vous, du cheval → *Faites-vous du cheval ? Oui, j'en fais.* ou *Non, je n'en fais pas.*

Philippe, de la planche à voile – vos parents, de la marche – ton ami Alain, du patin à roulettes – tes grands-parents, du tourisme – toi, beaucoup de ski nautique – vos amis, un peu de rugby – Édith, de la gymnastique – toi, de l'athlétisme.

Verbe + verbe à l'infinitif

verbe + verbe à l'infinitif (voir leçon 6)	→ Elle **veut aller** en Californie.
verbe + à + verbe à l'infinitif	→ Philippe **commence à faire** de la moto.
verbe + de + verbe à l'infinitif	→ J'**ai oublié de fermer** la porte.

10   ***Faites une phrase avec un élément de a. et un élément de b.***

Exemple : a. *Il a essayé de* b. *faire du ski.* → *Il a essayé de faire du ski.*

a. Édith déteste
Nous commençons à
Elle préfère
Ils cherchent à
Il a essayé de
Nous avons décidé de

b. jouer aux cartes
faire du ski
prendre des billets
boire de l'eau
marcher tous les jours
louer un studio

POUR BIEN PRONONCER

Les sons [ə], [œ] / [ɛ̃], [ɔ̃]

Ils feront de l'auto-stop et ils camperont près d'un petit port breton.

11   ***Écoutez ; répétez.***

   Elle me téléphonera et nous irons faire une promenade. – Serge n'est pas comme sa sœur ; elle, elle adore la nature, surtout les fleurs. – Qu'est-ce que nous ferons à Noël ? Cette année, comme l'année dernière, nous passerons les fêtes chez mes grands-parents. – Demain, nous ferons encore une petite promenade, puis nous pique-niquerons sur l'herbe. – Nous ne regarderons pas le match.

Écoutez une deuxième fois et écrivez.

Temps libre

12 *Des lois.*

L'ordonnance du 16 janvier 1982 fixe la durée légale des congés à trente jours ouvrables payés pour douze mois de travail. Elle fixe à trente-neuf heures la durée du travail hebdomadaire. La durée du travail quotidien ne peut excéder dix heures.
Un repos hebdomadaire de vingt-quatre heures consécutives minimum le dimanche est obligatoire.
L'ordonnance du 26 mars 1982 fixe l'âge de la retraite à soixante ans.

Travaillez-vous plus, travaillez-vous moins que l'ensemble des Français ?
Travaillez-vous plus, travaillez-vous moins que votre voisin ? que votre voisine ?
Interrogez-les.

13 *Le temps libre.*

Chez soi
on regarde la télévision,
on écoute la radio,
sa chaîne haute-fidélité
ou son magnétophone,
on joue d'un instrument,
on bricole...

Au dehors

MUSIQUE   CINÉMAS   ZOO   THÉÂTRES

MUSIC-HALLS   CIRQUES   CHANSONNIERS

MARIONNETTES   DANSE   CABARETS

COMÉDIE MUSICALE   EXPOSITIONS   MUSÉES

Que faites-vous pendant votre temps libre ?

Et votre voisin, qu'est-ce qu'il fait ?

Interrogez-le.

14 *Les activités sportives.*

Rendez à chaque sport son logo.

1 la natation
2 le football
3 la gymnastique
4 le tennis
5 le cyclisme
6 le ski
7 la voile
8 le yoga
9 l'équitation
10 le judo
11 la boxe
12 la plongée sous-marine
13 le rugby
14 la pelote basque
15 les boules

Connaissez-vous d'autres sports ? Cherchez dans le dictionnaire leur correspondant français.

Pratiquez-vous un ou plusieurs sports ? Et votre voisin ? votre voisine ? Dialoguez.

Tiffany est une bonne etudiante elle est tres fort dans les humanites
Hamish est fort dans l'histoire et faible dans le Maths.

15 *Lecture.*

 Des leçons de gymnastique sont organisées sur la plage, sous la direction d'un moniteur agréé. Les adultes peuvent s'y inscrire. Outre le tennis et le golf, de nombreuses activités sportives ou distractives s'offrent au choix des vacanciers : équitation, école de voile, club de bridge, et, bien sûr, le Casino...
Tout est prévu pour la distraction des enfants et la tranquillité des parents : promenades à dos d'âne ou de poney, terrain de jeux constamment surveillé, et chaque semaine un concours de châteaux de sable doté de nombreux prix...

PASCAL LAINÉ, *La Dentellière*, Gallimard.

16 **Ils pratiquent la planche à voile, la voile et la natation.**

Pourront-ils pratiquer leur sport demain ?

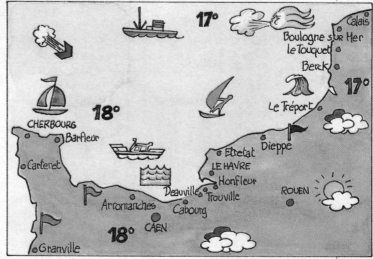

17 **Au syndicat d'initiative de Rambouillet, vous vous renseignez sur les possibilités touristiques de la ville. Vous précisez la durée de votre séjour, vous donnez vos goûts. Préparez le dialogue en groupe et jouez-le devant la classe.**

Rambouillet.
Le château.
La laiterie de la Reine.
Le parc animalier.
L'hippodrome.

Le musée du train-jouet et de la maquette.
La bergerie nationale et le musée du mouton.

18 **Dans votre ville, dans votre région, quelles sont les possibilités de tourisme ? Renseignez par écrit un ami français sur les curiosités, sur les circuits possibles.**

19 *Écoutez.*

LA COULEUR LOCALE

Comme il est beau ce petit paysage
Ces deux rochers, ces quelques arbres
Et puis l'eau et puis le rivage
Comme il est beau
Très peu de bruit un peu de vent
Et beaucoup d'eau
C'est un petit paysage de Bretagne [...]

JACQUES PRÉVERT, *Spectacles*, Gallimard.

20 Comment ça va ?

Madame Michel, Madame Vessier : deux voisines de palier.

MME VESSIER :	Mardi soir, j'ai croisé dans l'escalier le docteur Châtaignier. Il y a quelqu'un de malade chez vous, madame Michel ?
MME MICHEL :	Oui. Depuis deux jours, Pierre est au lit avec une grippe... Oh ! ce n'est pas bien grave, mais, pour l'administration, il faut avoir un certificat médical. Le docteur Châtaignier a donné à Pierre un arrêt de travail de dix jours.
MME VESSIER :	Il prend des antibiotiques ?
MME MICHEL :	Non, non, on ne doit pas couper la fièvre. Pour la grippe, il faut prendre de l'aspirine et beaucoup de boissons chaudes... et, surtout, il faut rester au lit et ne pas prendre froid !
MME VESSIER :	Tant mieux ! ce n'est pas très grave, alors.
MME MICHEL :	Heureusement, non. Dans un mois, nous irons passer quelques jours à la montagne. Là, Pierre pourra respirer à pleins poumons... et sera de nouveau en forme... Et votre petite-fille, madame Vessier, comment va-t-elle en ce moment ? Bien, j'espère ?
MME VESSIER :	Justement, je suis un peu inquiète. Hier soir, elle est rentrée de l'école avec un gros mal de tête... Elle n'a pas voulu manger et elle a passé une mauvaise nuit... Ce matin, elle a des boutons sur le ventre et la poitrine. Elle a sûrement quelque chose.
MME MICHEL :	Rien de sérieux, sans doute... Elle est vaccinée ?
MME VESSIER :	Oui, bien sûr. Mais Suzy n'est pas très résistante. En hiver, j'ai toujours peur pour sa santé.
MME MICHEL :	Appelez le médecin. Comme ça, vous serez rassurée... Vous avez le numéro de téléphone du docteur Châtaignier ? C'est un bon médecin, vous pouvez avoir confiance...

1 *C'est vrai..., c'est faux..., on ne sait pas. Répondez.*

Exemple : Madame Michel va bien. → C'est vrai, c'est monsieur Michel qui va mal.

a. La grippe de monsieur Michel est grave. *c'est faux*
b. Pendant dix jours, monsieur Michel ne travaillera pas.
c. La petite Suzy est toujours en bonne santé. *c'est vrai*
d. C'est à l'école que Suzy a attrapé une maladie. *c'est vrai*
e. Madame Vessier est une grand-mère toujours inquiète.
f. Madame Vessier a confiance dans le docteur Châtaignier. *c'est faux*

2 *Pour situer dans le temps : il y a..., depuis..., dans... . Observez.*

● *Je suis parti de Venise il y a un mois.*

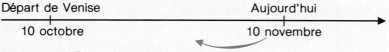

Départ de Venise | Aujourd'hui
10 octobre | 10 novembre

● *Je suis à Paris depuis huit jours.*

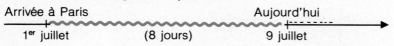

Arrivée à Paris | Aujourd'hui
1ᵉʳ juillet | (8 jours) | 9 juillet

● *Je partirai pour Londres dans dix jours.*

Aujourd'hui | Départ pour Londres
15 août | 25 août

Complétez.

Monsieur Michel est malade ... trois jours. *depuis* Le docteur Châtaignier est venu chez les Michel ... deux jours. *dans* Monsieur et madame Michel partiront à la montagne ... *dans* un mois. Suzy, elle, a mal à la tête ... hier soir. *depuis* Elle a des boutons rouges sur le ventre ... ce matin ... quelques jours, elle ira mieux. *dans* Ce n'est pas grave, elle a été vaccinée ... trois jours. *il y a*

3 *Observez.*

On dit : *j'ai mal à **la** tête* (et non pas *à ma tête*).

Complétez avec l'article défini.

Monsieur Michel a la grippe. Il a mal à *la* gorge *throat* et *les* jambes. Suzy aussi est malade, elle a mal à *la* tête ; ce matin elle a des boutons rouges sur *le* ventre et *la* poitrine. Gisèle Mazières a trop mangé chez ses amis Lucet, aujourd'hui elle a mal à *l'* estomac. Serge a fait de la planche à voile, il s'est fait mal *au* genou droit. *knee*

4 *Lecture ou dictée.*

Madame Vessier a rencontré le docteur Châtaignier dans l'escalier. Le médecin est entré chez les Michel... Qui est malade ? C'est monsieur Michel : il a la grippe. Cette maladie n'est pas bien grave, mais monsieur Michel devra rester au lit et à la maison pendant une dizaine de jours, prendre beaucoup d'aspirine et de boissons chaudes... Puis il ira respirer le bon air de la montagne et sera de nouveau en pleine forme.
Chez madame Vessier, ça ne va pas très bien non plus... Hier soir, la petite Suzy est rentrée de l'école avec un gros mal de tête... Elle a passé une mauvaise nuit et ce matin elle a des boutons rouges sur le corps. Qu'est-ce qu'elle peut bien avoir ? Il faut faire venir le médecin...

POUR PRATIQUER LA GRAMMAIRE

Le verbe devoir et l'obligation

Indicatif présent

must, to have to (handwritten)

S	1	Je	**dois** rester au lit.	Nous **devons** appeler le médecin.	1	P
I N G U L I E R	2	Tu	**dois** prendre de l'aspirine.	Vous **devez** boire de l'eau.	2	L U R I E L
	3	On Il Elle	**doit** venir aujourd'hui.	Ils Elles **doivent** partir demain.	3	

Passé composé : J'ai dû, tu as dû, etc.   **Futur :** Je devrai, tu devras, etc.

Remarque : participe passé, **dû** au masculin singulier seulement ; au féminin : *due* ; au pluriel : *dus, dues.*

● L'obligation

must (handwritten)

devoir + verbe à l'infinitif → Je **dois rester** au lit.   Il est nécessaire de + verbe à l'infinitif
il faut + verbe à l'infinitif → Il **faut boire.** *I have to* (handwritten) → **Il est nécessaire d'**avoir
il faut + nom → Il **faut de l'eau.**   un certificat médical.

5 *Parce qu'il faut... Faites des phrases.*

Exemple : travailler → *Je travaille parce que je dois travailler.* ou... *parce qu'il faut travailler.* ou *parce qu'il est nécessaire de travailler.*

arriver à l'heure – étudier – rester au lit – aller à l'école – faire du sport – avoir de la patience – préparer les exercices – être courageux.

Le verbe pouvoir et la possibilité

Indicatif présent

S	1	Je	**peux** prendre un billet.	Nous **pouvons** aller avec vous.	1	P	*Remarque :*
I N G U L I E R	2	Tu	**peux** aller chez ton oncle.	Vous **pouvez** passer par là.	2	L U R I E L	je peu**x** tu peu**x**
	3	On Il Elle	**peut** rester chez moi.	Ils Elles **peuvent** réussir au bac.	3		

Passé composé : J'ai pu, tu as pu, etc.   **Futur :** Je pourrai, tu pourras, etc.

● La possibilité : pouvoir + verbe à l'infinitif → Tu **peux aller** chez ton oncle.

6 *Il n'a pas pu... ; il a dû... Faites des phrases.*

Exemple : il, aller travailler, rester au lit → *Il n'a pas pu travailler ; il a dû rester au lit.*

· je, prendre la voiture, aller à pied – les enfants, manger au restaurant, pique-niquer – elles, trouver un studio, louer une chambre – nous, regarder la télé, faire la cuisine – Marina, passer par Paris, rentrer à Venise – moi, payer comptant, faire un chèque – les deux copains, prendre le train, faire de l'auto-stop.

Le verbe vouloir et la volonté

Indicatif présent

S I N G U L I E R	1	Je	**veux** faire du ski.	Nous **voulons** jouer au tennis.	1	P L U R I E L
	2	Tu	**veux** ce livre ?	Vous **voulez** prendre une photo ?	2	
	3	On Il Elle	**veut** apprendre la musique.	Ils **veulent** aller en Suisse. Elles	3	

Remarque :

je veu**x**
tu veu**x**

Passé composé : J'ai voulu, tu as voulu, etc.   **Futur :** Je voudrai, tu voudras, etc.

● **La volonté**

vouloir + verbe à l'infinitif → Ils **veulent aller** en Suisse.
vouloir + nom → Tu **veux ce livre** ?

Remarque :

On emploie souvent *je voudrais* (forme polie) à la place de *je veux.*

7   *Tu en veux ? Faites l'exercice à deux.*

Exemple : toi, prendre de l'aspirine → Veux-tu prendre de l'aspirine ? Non, je ne veux pas...

nous, appeler le médecin – il, aller à l'hôpital – le malade, prendre ses médicaments – ta mère, regarder la télévision – vous, boire de la bière – l'employé, descendre les bagages – toi, faire les exercices de grammaire.

POUR BIEN PRONONCER

Le -e muet [ə]

Sam**e**di, nous chant**e**rons, mais ma sœur, ell**e**, ne peut pas v**e**nir.

Si, avant la lettre *-e,* il y a :
1. une consonne écrite et deux consonnes prononcées, le e [ə] se prononce : El**le** **ne** veut pas ;
2. deux consonnes écrites et deux consonnes prononcées, le e [ə] se prononce : ... pa**r** **le** train.
Mais le *-e* peut disparaître de la prononciation (surtout dans la moitié nord de la France) s'il y a :
1. une consonne écrite et une consonne prononcée : sa**m**edi *ou* sam**e**di ;
2. deux consonnes écrites et une consonne prononcée : nou**s** **f**erons, nous chan**t**erons... ou nous f**e**rons, nous chant**e**rons.

8   *Écoutez ; répétez.*

 Il n'y a plus de sel, plus de vin, plus de pain, plus de légumes, plus de chocolat : plus rien quoi ! – Jean a pris de l'aspirine ; il n'a plus de fièvre, il n'ira pas chez le docteur. – Il ne peut pas venir pour le match de tennis de demain. – As-tu étudié le texte de demain ? – Non, je vais le faire. – Alors à demain, il y a beaucoup d'exercices à faire et je n'ai pas beaucoup de temps.

Écoutez une deuxième fois et écrivez.

Malade ou bien portant ?

À VOTRE SANTÉ !

Bonne année, bonne santé !

La santé, ça n'a pas de prix.

Le travail c'est la santé.

9 *Dans votre langue, utilise-t-on souvent le mot « santé » dans des expressions courantes ?*

10 *Qu'est-ce qu'on dit couramment ?*

français du médecin
français du pharmacien

Troubles du poids ●
Migraines ●
Troubles digestifs ●
Troubles du sommeil ●
Fatigue ●
Troubles nerveux ●
Ulcères ●
Troubles intestinaux ●
Troubles cardiaques ●

français courant

● j'ai mal à l'estomac
● je dors mal
● j'ai mal au foie
● j'ai mal à la tête
● j'ai de la tension
● je digère mal
● j'ai une douleur au cœur
● j'ai mal au ventre
● je maigris

Pour vous aider :

J'ai de la fièvre...
Depuis...
Je ne peux plus...
J'ai des difficultés à...
Quand je..., je...
J'ai déjà eu ça, il y a...
pendant...

11 *Imaginez la conversation, puis la consultation.*

Vous êtes malade. Vous téléphonez au médecin pour lui demander s'il peut passer chez vous.

— Il peut venir dans trois quarts d'heure.
— Il ne peut pas venir. Il vous donne le numéro de téléphone du médecin de garde.
— Il ne peut pas venir mais il peut vous recevoir.

12 *Lecture.*

KNOCK : Il faudra tâcher de trouver une voiture. Vous vous coucherez en arrivant. Une chambre où vous serez seule, autant que possible. Faites fermer les volets et les rideaux pour que la lumière ne vous gêne pas. Défendez qu'on vous parle. Aucune alimentation solide pendant une semaine. Un verre d'eau de Vichy toutes les deux heures, et, à la rigueur, une moitié de biscuit, matin et soir, trempée dans un doigt de lait. Mais j'aimerais autant que vous vous passiez de biscuit. Vous ne direz pas que je vous ordonne des remèdes coûteux ! À la fin de la semaine, nous verrons comment vous vous sentez.

JULES ROMAINS, *Knock*, acte I, scène unique, Gallimard.

13 *Un mal, trois remèdes.*

Aubépine.
Fleurs et fruits en tisane.
Une cuillerée à soupe par tasse, trois tasses par jour.

Valériane.
100 grammes de racines dans un litre d'eau tiède.
Laisser macérer douze heures.
Boire trois tasses par jour, entre les repas.

L'insomnie : bien se détendre

Écoutez votre respiration,
déplissez votre front,
desserrez vos mâchoires,
laissez votre langue immobile dans votre bouche,
faites rouler doucement votre tête de droite à gauche puis de gauche à droite,
laissez venir soupirs et bâillements.

CECI EST UN MÉDICAMENT

Un médicament n'est pas un produit comme les autres.
Il vous concerne, vous et votre santé.

Le médicament est un produit actif.
Une longue recherche a permis de découvrir son activité, mais son absorption n'est pas toujours sans danger.

Ne le laissez pas à portée de main des enfants.
Il ne faut jamais abuser des médicaments.
Il ne faut utiliser les médicaments qu'à bon escient.

Utilisez les médicaments prescrits comme vous le dit votre médecin.
Il sait quels sont les médicaments dont vous avez besoin.

Exécutez exactement les prescriptions de son ordonnance ; suivez le traitement prescrit, ne l'interrompez pas, ne le reprenez pas de votre seule initiative.

Votre pharmacien connaît les médicaments :
Suivez ses conseils.

**Il ne s'agit pas pour vous de prendre beaucoup de médicaments.
Il s'agit pour vous de prendre les médicaments dont vous aurez besoin.**

14 *Quelle médecine préférez-vous ? Et votre voisin ? Interrogez-le. Connaissez-vous un bon exercice de gymnastique ? Expliquez-le par écrit.*

15 *Quels conseils donneriez-vous à un ami français*

<u>*qui veut :*</u>

– *bien dormir ?*

– *arrêter de fumer ?*

– *arrêter de boire ?*

<u>*qui a :*</u>

– *la grippe ?*

– *des migraines ?*

LEÇON 19

- **Faire des projets.**
- **Exprimer ses préférences.**
- **Exprimer son désaccord.**

▶ **Le futur des verbes visiter, finir, attendre, boire, être, avoir, aller, venir et faire.**

▶ **Le pronom en.**

▶ **Verbe + verbe à l'infinitif.**

▶ **Les sons [ə], [œ] / [ɛ̃], [ɔ̃].**

• **Temps libre.**

APPRENEZ

par cœur

le futur des verbes être, avoir, aller et faire.

Pour l'exercice 1, relisez la page 12.
Pour l'exercice 4, relisez les deux tableaux de la page 15.

---

expressions et mots nouveaux

Amener, *v.*	la Fleur, *n. f.*	Pique-niquer, *v.*
le Athlétisme, *n. m.*	le Foot (ball), *n. m.*	Pratiquer, *v.*
Attendre, *v.*	la Gymnastique, *n. f.*	Reprendre, *v.*
le Billet, *n. m.*	la Herbe, *n. f.*	le Rugby, *n. m.*
De bonne heure, *loc. adv.*	Euh, *interj.*	le Sandwich, *n. m.*
	la Lecture, *n. f.*	le Ski, *n. m.*
Décider, *v.*	la Marche, *n. f.*	Sportif(ve), *adj.*
les Échecs, *n. m. plur.*	le Moment, *n. m.*	le Tourisme, *n. m.*
Essayer, *v.*	la Nature, *n. f.*	le Tricot, *n. m.*
le Fauteuil, *n. m.*	le Patin à roulettes, *n. m.*	Tricoter, *v.*
Fermer, *v.*	Pendant, *prép.*	le Volley, *n. m.*
la Fête, *n. f.*		

1 *Quelle est la question ?*

a. – ... ? – Mais vous êtes trop jeunes !
b. – ... ? – Je ne pense pas : il va faire beau.
c. – ... ? – Tu sais... j'aime mieux pique-niquer...
d. – ... ? – Non... je préfère sortir avec toi.
e. – ... ? – Oui, c'est vrai... tu fais beaucoup de ski.

2 *Transformez les phrases.*

*Exemple : Est-ce que Thérèse **viendra** ? (être à la gare)*
→ Est-ce que Thérèse sera à la gare ?

pique-niquer avec nous – faire des sandwiches – acheter du jambon – prendre des photos – amener son chien.

*Exemple : Vous allez **faire du ski** ? Nous, nous **en ferons** aussi !*
(faire de la planche à voile) → Vous allez faire de la planche à voile ? Nous, nous en ferons aussi !

manger de la bouillabaisse – boire du rosé de Provence – acheter des chaussures marron – faire du tennis.

3 *Trouvez les questions.*

a. – ... ? – Nous irons à la montagne <u>par le train</u>.
b. – ... ? – Nous prendrons nos repas <u>au restaurant</u>.
c. – ... ? – <u>Dimanche</u>, nous irons à la campagne.
d. – ... ? – Nous resterons <u>une dizaine de jours</u>.

4 *Mettez les phrases au futur proche, puis au futur.*

Demain, on pique-nique. – Ce soir, on regarde le match de foot à la télé. – Qu'est-ce qu'on fait ? On joue aux cartes ? – Cette année, on part en vacances ! – Dimanche, on reste à la maison.

Remplacez on par nous et refaites l'exercice.

5 *Faites des phrases (attention à la construction des verbes).*

je	commence préfère voudrais apprends aime essaye	à à de de	faire de la planche à voile.
j'	vais		

LEÇON 20

---

expressions et mots nouveaux

Administration, *n. f.*
Air, *n. m.*
Angine, *n. f.*
Antibiotiques, *n. m. pl.*
Arrivée, *n. f.*
Aspirine, *n. f.*
Attraper, *v.*
Bagage, *n. m.*
Bien portant(e), *adj.*
Bouton, *n. m.*
Certificat, *n. m.*
Chaud(e), *adj.*
Confiance, *n. f.*
Corps, *n. m.*
Coucher (se), *v.*
Couper, *v.*
Croiser, *v.*
Départ, *n. m.*
Devoir, *v.*
Dizaine, *n. f.*
Droit(e), *adj.*

Employé, *n. m.*
Estomac, *n. m.*
Excuse, *n. f.*
Fièvre, *n. f.*
Forme (en), *loc.*
Froid, *n. m.*
Genou, *n. m.*
Gorge, *n. f.*
Grave, *adj.*
Grippe, *n. f.*
Huitaine, *n. f.*
Inquiet(ète), *adj.*
Inquiéter (s'), *v.*
Jambe, *n. f.*
Justement, *adv.*
Malade, *adj.*
Maladie, *n. f.*
Médecin, *n. m.*
Médecine, *n. f.*
Médical(e), *adj.*
Médicament, *n. m.*

Mettre, *v.*
Montagne, *n. f.*
Nécessaire, *adj.*
Ouvrir, *v.*
Patience, *n. f.*
Plein(e), *adj.*
Poitrine, *n. f.*
Poumon, *n. m.*
Pouvoir, *v.*
Rassuré(e), *adj.*
Résistant(e), *adj.*
Respirer, *v.*
Santé, *n. f.*
Sérieux(se), *adj.*
Sûrement, *adv.*
Surtout, *adv.*
Tant mieux, *loc. adv.*
Température, *n. f.*
Tête, *n. f.*
Vacciné(e), *adj.*
Ventre, *n. m.*

---

1 *Trouvez une question.*

a. – ... ? – Monsieur Michel.
b. – ... ? – Une bonne grippe !
c. – ... ? – Le docteur Châtaignier.
d. – ... ? – Suzy.

2 *Rétablissez le dialogue.*

– Ouvrez la bouche ; faites A-a-a-a...
– Où avez-vous mal ?
– Oui, ce matin ; je n'ai pas beaucoup de fièvre... trente-sept huit seulement...
– C'est grave, docteur ?
– J'ai mal à la tête et à la gorge...
– Non, ne soyez pas inquiet, dans une huitaine de jours, vous serez en forme. Vous commencez une angine.
– A-a-a-a...
– Vous avez pris votre température ?

3 *Complétez avec les verbes devoir, pouvoir et vouloir au présent, au passé composé ou au futur.*

Hier soir, Suzy est rentrée de l'école avec un gros mal de tête. Elle (devoir) se coucher, elle (ne pas vouloir) manger. Demain, elle (ne pas pouvoir) aller en classe. Madame Vessier, sa grand-mère, (devoir) appeler le docteur Châtaignier. Suzy (pouvoir) sûrement aller à l'école dans une semaine.

4 *Transformez les phrases.*

*Exemple : Tu inviteras **quelqu'un** ? Non, je **ne peux** inviter **personne**. (appeler)* → *Tu appelleras **quelqu'un** ? Non, je **ne peux** appeler **personne**.*

oublier – parler à – téléphoner à – écrire à.

*Exemple : Tu veux **quelque chose** ? Non, je **ne veux rien** ! (comprendre)* → *Tu comprends **quelque chose** ? Non, je **ne comprends rien** !*

devoir – pouvoir – faire – avoir – mettre.

■ *Demander des nouvelles de quelqu'un.*
■ *Donner des nouvelles de quelqu'un.*
■ *Rassurer.*
■ *Conseiller.*

▶ *Le verbe devoir et l'obligation.*
▶ *Le verbe pouvoir et la possibilité.*
▶ *Le verbe vouloir et la volonté.*
▶ *Le -e muet [ə].*

● *Malade ou bien portant ?*

APPRENEZ
par cœur

le présent, le passé composé et le futur des verbes devoir, pouvoir et vouloir.

Pour l'exercice 3, relisez le dialogue de la page 18 et les tableaux des pages 21 et 22.

21

Devine qui ?

Monsieur et madame Michel.

M. MICHEL : J'ai rencontré quelqu'un ce matin, sur le quai de la gare. Devine qui ?

MME MICHEL : Je ne sais pas, moi... Je le connais ?

M. MICHEL : Oui, tu le connais... Enfin, tu l'as très bien connu... Bréal ! Jérôme Bréal !

MME MICHEL : Jérôme ! Notre copain du lycée Pasteur ? Le petit gros aux cheveux frisés ?

M. MICHEL : Oui, lui. Et devine qui il a épousé ?... Ton ancienne copine de classe, Josette... la jolie brune aux yeux bleus...

MME MICHEL : Ça alors !... Jérôme et Josette !... Je n'en reviens pas ! Vingt ans déjà ! Comme le temps passe... Et que font-ils ? Ils ont des enfants ?

M. MICHEL : Oui. Deux... Lui, Bréal, est maintenant chef du personnel dans une firme d'import-export... une multinationale. Mais avant ça, il a fait un peu de tout : il a travaillé dans une compagnie d'assurances, dans une agence de publicité, et je crois même pour une chaîne hôtelière... Il a été aussi en poste à l'étranger : au Brésil, en Égypte, à New York...
Les voici de retour en France... et il a l'air content.

MME MICHEL : Il a toujours eu le sens des affaires et des relations humaines...

M. MICHEL : Et aussi le don des langues !

MME MICHEL : Et ses enfants, qu'est-ce qu'ils font ?

M. MICHEL : Son fils n'a pas fait de longues études, mais il parle trois ou quatre langues étrangères. Il est entré dans une agence de voyages, et ça marche très bien pour lui.

MME MICHEL : Et leur fille ?

M. MICHEL : Elle a fait une école de coiffure. Elle est adroite... Elle a du goût. Elle a trouvé un premier emploi dans un salon chic de leur quartier.

MME MICHEL : Quel dynamisme, nos copains ! Tu as pris leur adresse ?

M. MICHEL : Oui, et leur numéro de téléphone... Tiens ! voici leur carte...

MME MICHEL : Invitons-les.

1 Jérôme a fait un peu de tout... Il a toujours eu le sens des affaires, des relations humaines et le don des langues.

Associez un emploi à une ou plusieurs qualités.

agent d'assurances ●   ● sens des relations humaines ✓
professeur de français en Italie ●
employé dans une agence de voyages ●   ● goût, don des langues
agent de publicité ●
interprète à l'O.N.U. ●   ● adresse   - dexterity, skill
coiffeur ●
chef du personnel ●   ● sens des affaires   business sense

2 ### Relisez le dialogue et retrouvez la question.

a. – ... ? – Un fils et une fille.   *Ils ont des enfants ?*
b. – ... ? – Oui, tu le connais.   *Je le connais ?*
c. – ... ? – Son fils travaille dans une agence de voyages, et sa fille dans un salon de coiffure.   *Et ses enfants : qu'est ce qu'ils font*
d. – ... ? – Oui, et leur numéro de téléphone.   *Tu as pris leur adresse*
e. – ... ? – Je ne sais pas.   *Devine qui ?*
f. – ... ? – Elle a fait une école de coiffure.   *Et leur fille ?*
g. – ... ? – Oui, Jérôme.   *Le petit gros aux cheveux frisés ?*
    ou Je le connais ?

3 ### Transformez en phrases exclamatives.

Exemple : Ces Bréal sont dynamiques. → Ils sont dynamiques, ces Bréal ! ou Comme ils sont dynamiques, ces Bréal ! ou Ce qu'ils sont dynamiques, ces Bréal !

a. Cette jeune femme est élégante. →
b. Ton copain est gros. →
c. Cette coiffeuse est adroite. →
d. Elle a de beaux yeux. →

e. Suzy est malade. →
f. Philippe est paresseux. →
g. Les Michel sont sympathiques. →
h. Ce quartier est agréable. →

4 ### Écrivez un texte avec les mots du dialogue.

Exemple : M. Michel / M. Bréal / ce matin / rencontrer /
    → Ce matin, M. Michel a rencontré M. Bréal.

a. Ils / faire / études / ensemble / lycée Pasteur /
b. Les Bréal / avoir / garçon / fille /
c. Fille / être / coiffeuse / fils / agence de voyages / travailler /
d. Les Michel / bientôt / inviter / les Bréal /
e. Ils / parler de / voyages / enfants / travail /

5 ### Lecture ou dictée.

Ce matin, sur le quai de la gare, monsieur Michel a rencontré Jérôme Bréal. Madame Michel le connaît bien ; c'est l'ancien copain de lycée de son mari ! Il est maintenant chef du personnel dans une firme d'import-export. Jérôme a épousé une vieille amie de madame Michel : Josette. Ils ont deux grands enfants. Comme il est loin le temps du lycée ! Les Michel vont inviter les Bréal. Ils vont beaucoup parler...

POUR PRATIQUER LA GRAMMAIRE

Le verbe connaître

Indicatif présent

S	1	Je	**connais** Bréal.	Nous **connaissons** bien Josette.	1	P
I	2	Tu	**connais** mon mari ?	Vous **connaissez** l'Égypte ?	2	L
N		On		Ils		U
G	3	Il	**connaît** mon adresse.	**connaissent** mes cousines.	3	R
U		Elle		Elles		I
L						E
I						L
E						
R						

Remarques : 1. Attention à l'accent écrit dans « il connaît ».
2. *Reconnaître* se conjugue comme *connaître*. ~~connaître~~

Passé composé : J'ai connu, tu as connu, etc.   **Futur :** Je connaîtrai, tu connaîtras, etc.

6 *Qui connaît Bréal ? Répondez.*

Exemple : moi, oui → Oui, moi, je connais Bréal.

toi, oui – les enfants, non – M. Michel, non – la voisine, oui – nous, oui – vous, non – les Rivot, oui – le directeur de l'agence de voyages, non.

Il est...

il est, elle est	+ nom au singulier	→ Il est médecin.
ils sont, elles sont	+ nom au pluriel	→ Elles sont sœurs.

C'est un...

c'est + le, la, un, mon...	+ nom au singulier	→ C'est le médecin, une voiture...
ce sont + les, des...	+ nom au pluriel	→ Ce sont des copains, des livres...

Remarque : Après *il(elle) est, ils(elles) sont,* on a toujours des noms d'êtres animés.

7 *Complétez les phrases.*

...un homme agréable. – ...une camarade de classe. – ... la cousine d'Antonio. – ... dactylo. – Lui, ...banquier ; ...même directeur d'agence ! ...chef du personnel. ...un chef du personnel agréable. ...des copains de lycée ; ... les frères Dumont. ...ma voiture ; ...une voiture rapide.

Le, la, les : pronoms personnels

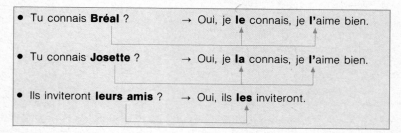

- Tu connais **Bréal** ?   → Oui, je **le** connais, je **l'**aime bien.

- Tu connais **Josette** ?   → Oui, je **la** connais, je **l'**aime bien.

- Ils inviteront **leurs amis** ?   → Oui, ils **les** inviteront.

Remarques : 1. *Bréal :* masculin, singulier, complément d'objet direct   → **le** ou **l'**.
2. *Josette :* féminin, singulier, complément d'objet direct   → **la** ou **l'**.
3. *Leurs amis :* masculin, pluriel, complément d'objet direct   → **les**.
4. *Leurs amies :* féminin, pluriel, complément d'objet direct   → **les**.

Le, la, les : place

a. avant le verbe	
• verbe au présent →	Les Lucet, je **les** connais. Les Mazières, je ne **les** connais pas.
• verbe au passé composé →	Bréal, je **l'**ai reconnu. Je ne **l'**ai pas reconnu.
• verbe + verbe à l'infinitif →	Les Mazières, je **les** entends arriver. Les Lucet, je ne **les** entends pas arriver.
b. avant *voici, voilà* →	Les Bréal ? **Les** voici.
c. après le verbe, à l'impératif →	– Bréal ? Invite-**le**. – Et sa femme ? – Invite-**la** aussi, bien sûr.

<u>Remarque :</u> Le participe passé s'accorde avec le pronom placé **avant** le verbe.

Exemple : **La chemise**, je **l'**ai achet**ée** et je **l'**ai mis**e**.

8 ***Bréal, tu le connais ? Faites l'exercice à deux.***

Exemple : Bréal, oui → Bréal, tu le connais ? Oui, je le connais bien.

la femme de Bréal, non – la fille et le fils de Bréal, oui – mes cousines, oui – leur numéro de téléphone, oui – leur adresse à Venise, non – son amie italienne, oui.

9 ***Faites l'exercice à deux.***

Exemple : Mme Michel, appeler le docteur → – Le docteur ? Mme Michel l'a appelé.
– Mais non, elle ne l'a pas appelé.

Mme Rivot, reconnaître Bréal – Philippe, rater le bac – les enfants, perdre le livre – les Rivot, inviter Bréal – son fils, préparer le repas – mes parents, vendre leur appartement – toi, prendre ton pull-over.

10 ***Faites l'exercice à deux, puis écrivez les formes du verbe.***

Exemple : la dictée → Est-ce que tu as fait la dictée ? Oui, je l'ai faite. ou Non, …

les exercices – la cuisine – le café – le chèque – la vaisselle – ta valise.

POUR BIEN PRONONCER

Les sons [ʃ] / [ʒ]

Sur la plage, Serge fait de la planche, puis il va manger chez Micheline.

11 ***Écoutez ; répétez.***

a. Ma chère Micheline, aimez-vous les chats ? – Pas de chance ! Il a échoué au bac ! – Chocolat noir ou chocolat au lait ? Vous avez le choix. – Il a acheté trois tranches de viande chez le boucher. – Les vaches sont dans les champs.

b. Serge est tout rouge ; il a beaucoup joué sur la plage. – Il voyage souvent à l'étranger. – Il ne mange jamais de jambon. – Jean joue devant la boulangerie.

c. On n'achète pas le gigot à la boulangerie, mais à la boucherie. – Ma chère Gisèle, Serge et Micheline sont à la plage, ils font de la planche à voile. – Quelle chance ! J'arrive juste pour déjeuner. – François n'a jamais eu de chance, il a toujours échoué.

Écoutez une deuxième fois et écrivez.

Carrières et emplois

12 ***Choisissez une petite annonce et interrogez votre voisin, votre voisine.***

– Qu'est-ce qu'on recherche ?
– Qui est-ce qui recherche un ..., une ..., des ... ?
– Quel âge, quelles qualifications, quelle expérience faut-il avoir ?
– Il faut envoyer quelque chose ?
– C'est tout ?
...

Pour vous aider :

B.E.P.   : Brevet d'Études Profession-
            nelles
C.A.P.   : Certificat d'Aptitude Profes-
            sionnelle
C.V.   : Curriculum Vitae
expér.   : expérience
impte   : importante
min.   : minimum
O.S.   : ouvrier spécialisé
P.L.   : poids lourd
pr   : pour
qual.   : qualifié(e)
rech.   : recherche
réf.   : référence
R.-V.   : rendez-vous
se prés. : se présenter
Sté   : société

Connaissez-vous d'autres métiers, d'autres professions ?

Cherchez dans votre dictionnaire leur correspondant français.

Quelle est votre profession ?
La profession de votre voisin(e) ?

Présentez votre métier, votre profession à un correspondant français.

13 ***Où classez-vous ?***

chef de rayon ?
maçon ? *mason*   COMMERCE
infirmier ? *nurse*
plombier ? *plumber* MÉDICAL
fleuriste ?
menuisier ?   BÂTIMENT

carpenter
charpentier * *specialise in the roof*
ébéniste – cupboards / furniture-maker

CADRES DIRECTION ET GESTION

location de véhicules secteur Paris et banlieues Nord, Est et Ouest recherche CHEFS D'AGENCE VOUS AVEZ :
– 35 ans environ
– des aptitudes au commandement
– des notions comptables et commerciales
Et votre permis de conduire poids lourds.
Env. CV détaillé avec photo en précisant sur votre enveloppe la réf. 26

COMMERCIAUX TECHNICO-COMMERCIAUX

STÉ TRAVAIL TEMPORAIRE rech. pour suivi de clientèle et prospection sur Paris et région parisienne COLLABORATRICES COMMERCIALES
– 35 ans minimum.
– Bonne culture générale.
– Excellente présentation.
– Dynamisme et sens commercial.
FORMATION ASSURÉE
Env. C.V. et photo au Service du Personnel

GARAGES

Impte Sté de services rech. pour PARIS et BANLIEUE MÉCANICIENS DÉPANNEURS AUTOS possédant outillage, permis conduire P.L. et références.
SALAIRES MOTIVANTS
Tél. pr R.-V.
43.36.00.00

CAISSIERS CAISSIÈRES

CAISSIÈRE QUAL. BOUCHERIE, 30 ans min., repos dim., lundi, Vanves. 46.15.00.00

HOTESSES STANDARD.

STANDARDISTE Anglais indispensable allemand ou italien apprécié Env. lettre manuscrite avec photo et prétentions.

SECRÉTAIRES DE DIRECTION

Centre Média à Neuilly-sur-Seine recherche SECRÉTAIRE-STÉNODACTYLO rapide, efficace, disponible, pour intégrer équipe dynamique.
Envoyer C.V. et prétentions.

INDUSTRIE

Mission longue durée 15 O.S. MACHINE avec C.A.P. BEP industrie ou expér.
AJUSTEURS P1
TOURNEURS-FRAISEURS P1
PONTOISE, 35, rue de Gisors
Tél. 30.73.00.00

COMMERCE

HYPERMARCHÉ A CHAMPIGNY-SUR-MARNE recherche pour remplissage de rayons EMPLOYÉS LIBRE-SERVICE temps partiel 30 h (uniquement le matin du lundi au samedi) ÉTUDIANTS les vendredi et samedi entre 12 h et 16 h

CONFECTION PRÊT-A-PORTER TEXTILE

Rech. COUPEUR TRÈS QUAL. PRÊT-A-PORTER FÉMININ
Tél. : 40.24.00.00

14 *Lecture.*

Son travail était complexe, mais bien défini : voyager de ville en ville, faire la liaison entre les diverses succursales de l'affaire, envoyer régulièrement des rapports et, à la rigueur, des suggestions.

Pendant un an, le délégué accomplit son travail. Coordonnant, organisant, rapportant, voyageant...

JACQUES STERNBERG, *Le Délégué*, extrait de « Entre deux mondes incertains », Denoël.

15 *Curriculum Vitae.*

Relisez les petites annonces « offres d'emploi ». Dans lesquelles demande-t-on un C.V. ?

Dans un C.V. vous indiquez vos

Nom	Études et formation
Prénom(s)	Expériences professionnelles
Âge	Stages
Nationalité	Expériences diverses
Domicile	(langues, violon d'Ingres...)
Situation de famille	

Rédigez votre Curriculum Vitae.

16 ***Quelle image avez-vous de ces professions ? Travaillez en groupe.***

Les Français font-ils confiance aux	plutôt	plutôt pas	sans opinion
avocats ?	37 %	41 %	22 %
chefs d'entreprise ?	56 %	25 %	19 %
instituteurs ?	80 %	13 %	7 %
gendarmes ?	80 %	14 %	6 %
prêtres ?	58 %	25 %	17 %
fonctionnaires ?	61 %	25 %	14 %
médecins ?	90 %	6 %	4 %
officiers ?	54 %	22 %	24 %
journalistes ?	43 %	42 %	15 %
magistrats ?	50 %	29 %	21 %
architectes ?	59 %	21 %	20 %
policiers ?	73 %	19 %	8 %
professeurs de l'enseignement secondaire ?	73 %	14 %	13 %
pompiers ?	96 %	1 %	3 %
commerçants ?	65 %	24 %	11 %
notaires ?	47 %	38 %	15 %

Le Nouvel Observateur,
TF1-Sofres, décembre 1985.

17 *Lecture.*

Tous les matins, elle prenait le train. Elle descendait à Saint-Lazare et trottinait sans regarder les vitrines jusqu'au salon de coiffure. Elle enfilait sa blouse rose.

... Pomme ne savait ni friser, ni couper, ni teindre. On l'employait surtout à ramasser les serviettes. Elle nettoyait les instruments. Elle balayait les cheveux par terre. Elle remettait en pile les *Jours de France* éparpillés... Elle faisait aussi les shampooings...

PASCAL LAINÉ, *La Dentellière*, Gallimard.

22

Rose ou noir ?

M. Antoine Chauchat, la cinquantaine, chef d'atelier dans une petite usine de fabrication d'appareils ménagers.
M. Gérard Jégou, trente ans, programmeur en informatique dans une société multinationale.
M. Antoine Chauchat est le beau-père de Gérard.

GÉRARD : Du travail, il n'en manque pas !

ANTOINE : Pour toi, peut-être... Mais, hélas, il n'y en a pas pour tout le monde... Tu le sais bien... Pour les jeunes sans diplômes, ce n'est déjà pas facile de trouver du travail, mais pour les « vieux » comme moi, lorsqu'ils perdent leur place, ils n'ont plus aucune chance de retrouver un employeur...

GÉRARD : Bof !... Tu prendras ta retraite... Aujourd'hui, on travaille moins longtemps, on a plus de loisirs, tu seras plus heureux comme ça.

ANTOINE : Tu rêves. Peu ou pas de travail, c'est peu ou pas d'argent... c'est moins de liberté, c'est moins d'indépendance. Tu sais, l'avenir n'est pas rose !

GÉRARD : Attends un peu... Tu vois tout en noir ! La situation va changer avec la technique, avec l'informatique, avec le progrès quoi ! Regarde ! De plus en plus, le robot fait le travail de l'homme, et c'est souvent le travail le plus dur.

ANTOINE : Eh bien ! moi, je ne peux pas vivre sans rien faire.

GÉRARD : Là, tu exagères un peu ! Moi, certes, j'aime bien travailler, mais je veux avoir aussi des loisirs. C'est mon droit. Tiens ! pose la question aux gens : « Qu'est-ce que vous préférez ? Plus d'argent ou plus de temps libre ? », la majorité te répondra : « Plus de temps libre. » C'est ça la civilisation des loisirs...

ANTOINE : Civilisation des loisirs, civilisation des loisirs... Moi, mon meilleur ami, c'est encore le travail !

le quartier general - headquarters
le siège
chômeu -u

1 **Rose ou noir ? (Optimiste ou pessimiste ?) Cochez la bonne case.**

	rose	noir
a. Pour les jeunes, ce n'est pas facile !		✓
b. Du travail, il n'en manque pas !		
c. L'avenir n'est pas rose !		✓
d. Les vieux n'ont plus aucune chance de retrouver un emploi !		✓
e. Gérard a un bon emploi.	✓	
f. Aujourd'hui, on a plus de loisirs.		

unemployment

2 **Transformez les phrases.**

Exemple : _Les jeunes sans diplômes ne trouvent pas facilement du travail._
→ **Du travail, ils n'en trouvent pas facilement.**

a. Les vieux, lorsqu'ils perdent leur place, ne retrouvent plus de travail.
Du travail, ... _ils n'en retrouvent pas plus de travail_

b. Aujourd'hui, on a moins de travail.
Du travail, ... _on n'en plus de travail._

c. Quand on n'a pas de travail, on n'a pas d'argent.
De l'argent, ... _on n'en a pas_

d. Quand on a peu de travail, on a peu d'argent.
De l'argent, ...

3 **Complétez avec** plus , le plus, plus de, de plus en plus, **ou** moins, le moins, moins de, de moins en moins.

Le robot fait souvent le travail ... difficile. Mais il y a ... de robots et ... d'emplois. Pour les jeunes sans diplômes, c'est difficile de trouver du travail, mais pour les vieux qui perdent leur place, c'est encore ... difficile. Aujourd'hui, on travaille ... longtemps et on a ... loisirs. Mais quand on a ... travail, on a ... argent, ... liberté et ... indépendance. Beaucoup de gens préfèrent gagner ... argent et avoir ... temps libre. Et vous, qu'est-ce que vous préférez ?

4 **Écrivez un texte avec les mots du dialogue.**

Antoine / pessimiste / ne pas vouloir / prendre sa retraite / préférer / travailler /
France / pouvoir / prendre sa retraite / soixante ans /
mais / Antoine / travail / meilleur ami /
avenir / Gérard / rose / : / avoir / bon emploi /

5 **Lecture ou dictée.**

Gérard et son beau-père parlent de leur travail et de l'avenir. Monsieur Chauchat est pessimiste. Il travaille dans une petite usine qui fabrique des appareils ménagers, il a plus de cinquante ans et il a peur de perdre son emploi. Son gendre est plus optimiste. Pour lui, c'est facile : il a seulement trente ans et il travaille dans l'informatique, un métier d'avenir.

POUR PRATIQUER LA GRAMMAIRE

Le verbe savoir

su *(handwritten)*

Indicatif présent

S I N G U L I E R	1	Je	**sais** une chanson.	Nous **savons** l'heure du train.	1	P L U R I E L
	2	Tu	**sais** faire la cuisine ?	Vous **savez** parler français ?	2	
	3	On Il Elle	**sait** beaucoup de choses.	Ils **savent** taper à la machine. Elles	3	

Passé composé : J'ai su, tu as su, etc.   **Futur :** Je saurai, tu sauras, etc.

6 *Savez-vous ? Faites l'exercice à trois.*

Savez-vous taper à la machine *(handwritten)*
Oui, je sais taper à la machine *(handwritten)*
Non, je ne sais pas taper... *(handwritten)*

Exemple : *parler italien → Savez-vous parler italien ? Oui, je sais parler italien.* ou *Non, ...*

taper à la machine – faire les exercices – choisir le vin – répondre à cette lettre – programmer un ordinateur – faire la cuisine – téléphoner à l'étranger.

Refaites l'exercice au futur.

Les pronoms me, te, nous, vous, compléments d'objet direct

Il regarde **qui** ?   Il **me** regarde. *moi*

Remarques :
1. On peut avoir : il **te**, il **nous**, il **vous** regarde.
2. **Qui, me, te, nous, vous** sont compléments d'objet direct.

7 *Faites l'exercice à trois. C'est une fille qui doit poser les questions.*

je ne t'ai pas attendu *(handwritten)*

Exemple : *attendre → Tu m'as attendue ? Oui, je t'ai attendue.* ou *Non, ...*

oublier – reconnaître – écouter – inviter – comprendre.

Écrivez les réponses.

Non, je ne t'ai pas attendue *(handwritten)*
je ne t'ai pas oubliée *(handwritten)*
je ne t'ai pas reconnue *(handwritten)*

Les pronoms lui, leur

● Il parle **à Josette** ?	Oui, il **lui** parle.
● Il parle **à Pierre** ?	Oui, il **lui** parle.
● Il parle **à Pierre et à Josette** ?	Oui, il **leur** parle.

Remarques :
1. **Lui** et **leur** remplacent un complément d'objet indirect.
2. **Lui** et **leur** remplacent toujours des noms d'êtres animés.

lui } lui *(handwritten)*
leur } lui *(handwritten)*

8 *À qui parlez-vous ? Faites l'exercice à deux.*

Exemple : *votre voisine → – Parlez-vous souvent à votre voisine ?*
– Oui, nous lui parlons souvent. ou *Non, ...*

la secrétaire du patron – la jolie brune du troisième – les copains de Philippe – le docteur Châtaignier – le professeur de ton fils – la maîtresse de ta fille.

Parlez-vous souvent à la secrétaire du ... *(handwritten)*
Oui, nous lui parlons la secrétaire du pat... *(handwritten)*

Les pronoms me, te, nous, vous, compléments d'objet indirect

> À **qui** parle-t-il ? Il **me** parle.

Remarques :

1. On peut avoir : il **te** parle, il **nous** parle, il **vous** parle.
2. **À qui** est complément d'objet indirect, **me, te, nous, vous** aussi. Dans ce cas, pas d'accord du participe passé. → *Josette dit : « Il m'a parlé. »*

9 *Faites l'exercice à trois.*

Exemple : parler → *Tu m'as parlé ? Oui, je t'ai parlé. ou Non, ...*

écrire – téléphoner – répondre – répéter la phrase – descendre la valise.

Les pronoms : place et ordre

1	2	3		
je, tu	me, m', te, t' nous, vous	le, la, les en	verbe	Je te le donne.
on, il, elle nous, vous ils, elles	le, la, les lui, leur m', t', nous, vous	lui, leur, en en		Il le lui donne. Nous vous en donnons. Ils m'en donnent.

Remarque : Attention ! À l'impératif :
   a. Donne-le-**moi**, *mais* Ne **me** le donne pas.
   b. Donne-le-lui, *mais* Ne le lui donne pas.
   c. Donne-lui-en, *mais* Ne lui en donne pas.

10 *Donne-le-lui... Faites l'exercice à deux.*

a. *Exemple : Il veut le livre.* → *Donne-le-lui ! Bon, je le lui donne.*
   ou *Ne le lui donne pas. Bon, je ne le lui donne pas.*

Elle veut la chemise. – Ils veulent la planche à voile. – Il veut du dessert. – Ils veulent de la tarte. – Ils veulent le vélo.

b. *Exemple : C'est mon livre.* → *Tu me le donnes ? Oui, je te le donne. ou Non, ...*

C'est ma chemise. – C'est mon sac. – C'est son appareil photo. – Ce sont leurs photos. – Ce sont nos vélos.

POUR BIEN PRONONCER

Les sons [k] / [g]

Il a fait les courses pour le pique-nique et il a acheté un gros gigot !

11 *Écoutez ; répétez.*

J'achète des baguettes et un gros gâteau au chocolat. – Les enfants crient dans l'escalier. – Il regrette son école de campagne. – Qui est-ce qui a le gros crayon de Caroline ? – Les légumes sont trop gros pour aller avec le gigot. – Mon ami portugais est élégant. – Le ski, est-ce que c'est agréable ? – Irons-nous pique-niquer à la campagne avec Katia, ta grande amie de Grenoble ?

Écoutez une deuxième fois et écrivez.

Préparer l'avenir

12 *Carrières et emplois.*

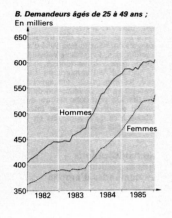

B. Demandeurs âgés de 25 à 49 ans ;
En milliers

Hommes
Femmes

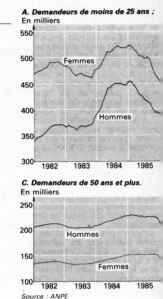

A. Demandeurs de moins de 25 ans ;
En milliers

Femmes
Hommes

C. Demandeurs de 50 ans et plus.
En milliers

Hommes
Femmes

Source : ANPE.

Et chez vous ?

13 *Choisissez une petite annonce puis interrogez votre voisin, votre voisine.*

— Qu'est-ce qu'on cherche comme emploi ?
— Qui est-ce qui cherche un emploi ?
— Quel âge a-t-il ? (quel âge a-t-elle ?).
— Il (elle) est qualifié(e) ?
— ... ?

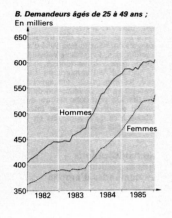

Cadres

URGENT
CADRE
COMMERCIAL
ch. place CHEF DE
VENTE ou DIREC-
TION RÉGIONALE
av. exp. sur l'Aisne
ou Picardie.
Tél. (16) 23.79.00.00

Emplois
adminis.
et de bureau

JF CAP sténo-dac-
tylo, ch. empl. secré-
taire, employée bur.
Tél. 48.49.00.00

Secrétaires
de direction

JF 26 a., 7 a. exp.,
dynam. motiv. ch.
poste secrétaire-
comptable ou com-
merciale.
Tél. 30.91.00.00

Dame 45 a. SECRÉ-
TAIRE-Sténodactylo,
20 a. exp., ch. pl.
stab. Paris, banlieue
ouest.
Chauvin Micheline, 6,
av. Marcel-Doret,
75016 Paris.

Industrie

J.H. 25 a., CAP tour-
neur + CAP mécan.
agricole, ch. pl. Étud.
ttes prop.
Tél. 45.85.00.00

Hôtellerie
Restauration

J.H. 23 ans cherche
place stable
SERVEUR
Petite expérience
Tél. à partir de 14 h
au 48.91.00.00

Ch. emploi fme de
chambre, aide cuisi-
nière ou finisseuse.
Tél. 40.09.00.00

Manutention

JH libéré O.M., per-
mis VL, ch. empl.
hme entretien ou ma-
nutentionnaire. Libre
de suite.
Tél. 60.09.00.00

Commerce

JNE PATISSIER CAP
cherche place stable
sur Paris ou banl.
proche.
Tél. 42.40.00.00

Confection
Prêt-à-porter
Textile

Coupeur, 15 ans ex-
périence, ch. emploi,
cse licenc. économ.
Tél. 46.07.00.00

Garages

Polonais exp. MÉCA-
NICIEN, ch. tt trav.
Tél. 43.39.00.00

Pour vous aider :

cse : cause
étud. : étudiera
gde : garde
licenc. économ. :
licenciement économique
motiv. : motivé(e)
O.M. : obligations militaires
pl. : place
st./stab. : stable
tt trav. : tout travail
ttes prop./propos. :
toutes propositions
V.L. : voiture légère

Complétez les abréviations.

a., av., bac., banl., bur., ch., dynam., empl., exp., Fme/fme, hme, Jne, JF, JH/Jne hme,
mécan.

14 *Lecture.*

Il commençait par le réverbère du coin de notre rue. Du bout de sa canne, il soulevait une petite plaque de verre puis un levier qui commandait l'arrivée du gaz. Il appuyait sur la poire de caoutchouc fixée à sa canne. Un éclair jaillissait, le réverbère était allumé. Le levier déclenché revenait tout doucement à sa position première et le réverbère s'éteignait de lui-même aux premières lueurs du jour.

EDOUARD BLED avec la collaboration d'ODETTE BLED,
J'avais un an en 1900, Fayard.

L'ÉCLAIRAGE AU GAZ

15 *Préparez votre avenir.*

INFORMATIQUE
Des salaires élevés,
des débouchés assurés.

ÉLECTRONIQUE
Des métiers de précision
et d'avenir.

SECRÉTARIAT BUREAUTIQUE
Des métiers nouveaux,
des qualifications
recherchées.

ROBOTIQUE AUTOMATISMES
Des métiers d'avenir
dans un secteur en plein
développement.

Y a-t-il, dans votre classe, des étudiants qui travaillent dans l'informatique, l'électronique, la bureautique ou la robotique ?

Qu'est-ce qu'ils font ? Peuvent-ils l'expliquer en français ?

Avez-vous peur de l'informatique ? Pourquoi ? Discutez.

Connaissez-vous un métier qui a disparu ou un métier qui est en train de disparaître ? Écrivez un petit texte pour le présenter.

16 *Lecture.*

On décida de lui faire gravir peu à peu les échelons de la hiérarchie. C'est ainsi que, pour commencer, on le relégua au sous-sol, au rayon de l'expédition. En une seule heure, le robot liquida dix jours de retard, tout le travail de la journée et celui qui était préparé pour le lendemain. On l'envoya au rez-de-chaussée, car on jugea que cet exemple était néfaste pour les manutentionnaires.
D'emballeur, le robot devint secrétaire. Après une demi-heure de travail, il avait terminé le travail de toutes les dactylos, après quoi il se mit à répondre, anticipant avec génie, à des lettres qui n'étaient pas encore arrivées, bâclant sans bavure le courrier des jours à venir.

JACQUES STERNBERG, *Le Délégué,*
extrait de « Entre deux mondes incertains », Denoël.

LEÇON 21

- ■ *Raconter.*
- ■ *Se souvenir.*
- ■ *Exprimer sa surprise.*
- ▶ *Le verbe connaître au présent, au passé composé et au futur.*
- ▶ *Il est... / c'est un...*
- ▶ *Les pronoms personnels le, la, les et leur place.*
- ▶ *Les sons* [ʃ] / [ʒ].
- ● *Carrières et emplois.*

APPRENEZ

par cœur

le présent, le passé composé et le futur du verbe connaître.

Pour l'exercice 3, relisez le dialogue des leçons 3, 14, 20 et 21.
Pour l'exercice 4, relisez le tableau Le, la, les : place, page 29.

---
expressions et mots nouveaux

Adroit(e), *adj.*
Agent, *n. m.*
Air (avoir l'), *loc.*
Ancien(ne), *adj.*
Aptitude, *n. f.*
Assurance, *n. f.*
Banquier, *n. m*
Botte, *n. f.*
Camarade, *n.*
Carrière, *n. f.*
Chef, *n. m.*
Cheveux, *n. m. pl.*
Chic, *adj.*
Coiffeur, *n. m.*
Coiffure, *n. f.*
Connaître, *v.*

Curriculum vitae, *n. m.*
Deviner, *v.*
Directeur, *n. m.*
Don, *n. m.*
Dynamisme, *n. m.*
Épouser, *v.*
Expérience, *n. f.*
Export, *n. m.*
Firme, *n. f.*
Formation, *n. f.*
Frisé(e), *adj.*
Hôtelier(ère), *adj.*
Humain(e), *adj.*
Import, *n. m.*
Long(ue), *adj.*
Même, *adv.*
Métier, *n. m.*

Monter, *v.*
Multinationale, *n. f.*
Personnel, *n. m.*
Poste, *n. m.*
Prier, *v.*
Profession, *n. f.*
Publicité, *n. f.*
Quai, *n. m.*
Qualification, *n. f.*
Reconnaître, *v.*
Références, *n. f. pl.*
Relation, *n. f.*
Salon, *n. m.*
Sens, *n. m.*
Yeux, *n. m. pl.*

---

1   *Transformez les phrases.*

Exemple : Est-ce que tu connais Bréal ? (vous)
→ *Est-ce que **vous connaissez** Bréal ?*

M. Michel – les Vessier – nous – Thérèse – on.

Exemple : Est-ce que tu as mis ton imperméable ? Non, je ne l'ai pas mis. (tes bottes) → *Est-ce que tu as mis **tes bottes** ? Non, je ne **les** ai pas **mises**.*

ton costume – ta veste – ta cravate – ton blazer – tes chaussures – ta jupe.

2   *Faites une phrase au présent ou au passé composé.*

Exemple : Je / rencontrer → *J'ai rencontré Jérôme.*

Josette / épouser → | leur fille / travailler →
Jérôme / être → | leur fils / parler →
Jérôme / être en poste → | leur fils / ne pas faire →

3   *Complétez avec il est, ou elle est, ou c'est.*

Le docteur Châtaignier ? ... un bon médecin ! – Bréal ? ... chef de service dans une firme d'import-export. Et sa fille ? ... coiffeuse. – Josette ? ... une jolie brune aux yeux bleus. Tiens ! ... une photo de Josette. – ... un étudiant paresseux : il ne fait rien. – Silvio ? l'ami de Sylvie ? ... étudiant à Venise. – Qui est-ce ? ... la jeune portugaise du troisième.

4   *Complétez avec le pronom.*

Bréal va arriver, attendons-le. – Voici le numéro du docteur Châtaignier. Appelez-le ce soir. – Ma fille a été malade, excusez-la, je vous prie. – Quelle belle chanson ! Écoutez-la – Vous avez fait des photos ? Montrez-les-moi. – C'est votre femme ? Présentez-la-moi. – Tu as la liste des courses ? Ne la perds pas ! – Et le gâteau au chocolat ? Ne l'oublie pas !

LEÇON 22

--- expressions et mots nouveaux ---

Atelier, *n. m.*
Aucun(e), *pron. indéf.*
Beau-père, *n. m.*
Bon !, *interj.*
Bureautique, *n. f.*
Certes, *adv.*
Changer, *v.*
Cinquantaine, *n. f.*
Civilisation, *n. f.*
Dur(e), *adj.*
Électronique, *n. f.*
Employeur, *n. m.*
Fabrication, *n. f.*
Gendre, *n. m.*
Indépendance, *n. f.*
Informatique, *n. f.*

Liberté, *n. f.*
Longtemps, *adj.*
Maître(esse), *n.*
Majorité, *n. f.*
Manquer, *v.*
Meilleur(e), *adj.*
Ménager(ère), *adj.*
Moins (le), *loc.*
Moins (de moins en moins), *loc.*
Ordinateur, *n. m.*
Pessimiste, *adj.*
Plus (le), *loc.*
Plus (de plus en plus), *loc.*

Poser, *v.*
Programmer, *v.*
Programmeur, *n. m.*
Progrès, *n. m.*
Retraite, *n. f.*
Retrouver, *v.*
Rêver, *v.*
Robot, *n. m.*
Robotique, *n. f.*
Sac, *n. m.*
Secrétaire, *n.*
Situation, *n. f.*
Taper, *v.*
Technique, *n. f.*
Usine, *n. f.*
Vivre, *v.*

1   Formez des noms.

Exemple 1 : cinquante → cinquantaine.

douze – trente – quarante – cent.

Exemple 2 : programmer → programmeur.

acheter – manger – voyager – professer.

Trouvez a. les nombres et b. les verbes.

a. une huitaine →   b. employeur →
   une dizaine →   promeneur →
   une quinzaine →   vendeur →
   une vingtaine →   buveur →

2   Complétez.

Il n'y a hélas pas de ... pour tout le monde. Les jeunes sans ... et les vieux quand ils ... leur ... ont peu de ... de ... un ... . Avant soixante ans, on peut ... sa ... . On a plus de ... et on est plus ... . Plus ... ? Je ne peux pas vivre sans ... . Moi, mon meilleur ami, c'est encore le ... !

3   Lui ou leur ? Transformez les phrases.

Exemple : Voici le patron, posez-lui la question ! (le directeur) → Voici le directeur, posez-lui la question !

la secrétaire – les employés – Josette – les enfants – le chef du personnel – le professeur.

Transformez les phrases.

Exemple : Je connais les Bréal, mais je ne sais pas où ils habitent. (les Michel) → Les Michel connaissent les Bréal, mais ils ne savent pas où ils habitent.

cette étudiante – Jean – tu – mes sœurs – vous – Jacques et moi.

4   Complétez avec pas, plus ou rien.

L'avenir n'est ... rose : les jeunes qui n'ont ... de diplômes ne trouvent ... de travail, et les vieux qui perdent leur place ne trouvent ... d'employeur. Antoine n'aime ... ne ... faire. Il ne peut ... vivre sans travailler.

■ *Donner son opinion.*
■ *Argumenter.*

▶ *Le verbe savoir au présent, au passé composé et au futur.*
▶ *Les pronoms me, te, nous, vous, compléments d'objet direct et compléments d'objet indirect.*
▶ *Les pronoms lui et leur.*
▶ *Les pronoms : place et ordre.*
▶ *Les sons [k] / [g].*

● *Préparer l'avenir.*

APPRENEZ

par cœur

le présent, le passé composé et le futur du verbe savoir et revoyez le verbe connaître aux mêmes temps.

Pour l'exercice 2, relisez le dialogue de la page 32.
Pour l'exercice 3, relisez le troisième tableau de la page 35.

23 Comme tous les jours...

Une porte claque... Nadine se réveille et ouvre un œil... Son voisin, monsieur Tardieu, part au travail... Et comme tous les jours, Nadine entend maintenant les cris du bébé de ses voisins de gauche.

« Allons, levons-nous... Sept heures et demie... déjà ! Plus que quinze minutes pour me préparer. Si je veux prendre un café et manger quelque chose avant de partir...

Je ne peux pas « rater » l'autobus de huit heures vingt et arriver, une fois de plus, en retard au bureau... Le patron... Voyons ! Où est ma robe de chambre ? Ah ! la voilà... »

Nadine se lève, ouvre la fenêtre, regarde le ciel... Avant de passer dans la salle de bains, elle met en marche la cafetière électrique...

Un quart d'heure plus tard, Nadine revient dans sa chambre, referme la fenêtre, refait le lit... Elle s'habille rapidement. « Le ciel est gris : je vais mettre mes bottes... Vite ! le café est sûrement prêt. »

Elle déjeune en quelques minutes : deux biscottes seulement. Boh ! Elle reprendra un bon café et un croissant, dans la matinée.

À son tour elle fait claquer la porte... « L'heure tourne, il faut se dépêcher. » L'ascenseur est long, long... Elle s'impatiente et descend quatre à quatre les escaliers.

Elle jette un coup d'œil dans la boîte aux lettres. Du courrier ? Oui ! Une lettre par avion... du Cameroun... C'est Jean-Paul !

(handwritten: se baigner - bath, n doucher - showee)

1 **Quarante-cinq minutes de la vie de Nadine.**

Relisez le texte « Comme tous les jours » et complétez.

- **sept heures et demie :**
  - → Nadine se réveille et ouvre un œil.
  - → ...
  - → ... et ...
  - → ...

- **un quart d'heure plus tard :**
  - → Nadine revient dans sa chambre.
  - → ...
  - → ...
  - → ... puis ...

- **huit heures et quart :**
  - → À son tour, elle fait claquer la porte.

- **huit heures vingt :**
  - → ...

2 **Observez.** *(handwritten: More than)*

Plus que quinze minutes **pour** me préparer !
Seulement quinze minutes **pour** me préparer !
Je n'ai **que** quinze minutes **pour** me préparer !

(handwritten: I have exactly) *(handwritten: avoir que / Moins que / less than)*

Transformez les phrases et employez plus que..., seulement..., je n'ai que... .

- a. Seulement dix minutes pour prendre mon petit déjeuner !
- b. Je n'ai que cinq minutes pour m'habiller !
- c. Plus que quelques secondes pour boire mon café et pour manger mes biscottes !

(handwritten: Plus que dix minutes pour prendre / Je n'ai que à)

3 **Complétez les phrases.**

- a. Une porte claque... *(handwritten: Nadine se réveille et ouvre un œil)*
- b. Si je veux prendre un café et manger quelque chose avant de partir... *(handwritten: allons levons nous)*
- c. Le patron... *(handwritten: Voyons !)*
- d. Nadine se lève, ouvre la fenêtre, regarde le ciel... *(handwritten: elle met en marche l'cafetière)*
- e. Elle met en marche la cafetière électrique... . *(handwritten: la salle de bains.)*
- f. À son tour elle fait claquer la porte... .
- g. L'ascenseur est long... long... *(handwritten: elle s'impatiente et descend quatre à quatre les escaliers.)*

4 **Cherchez dans le dictionnaire les différents sens du verbe** mettre **et** se mettre.

mettre ses bottes – **mettre** la cafetière en route – **mettre** quinze minutes pour... – **mettre** une lettre dans la boîte – ne rien avoir à **se mettre** – **se mettre** d'accord...

(handwritten: I have nothing to wear   To agree with someone.)

Réemployez ces expressions dans des phrases et remplacez, si possible, le verbe mettre **par un autre verbe.**

5 **Complétez.**

Le matin, je ... le premier, à sept heures. Je ... et je ... dans la salle de bains pour ... ma toilette. Puis je ... le café. À huit heures et demie, je ... au bureau. Le soir, à six heures, je ... prendre ma femme à la sortie de son travail. Nous ... à pied tous les deux. Une fois par semaine, nous ... au cinéma à la séance de neuf heures. Nous n'... pas la télévision. La politique ne nous ... pas, et nous ... voir les films sur un grand écran.

POUR PRATIQUER LA GRAMMAIRE

Les pronoms personnels compléments : rappel

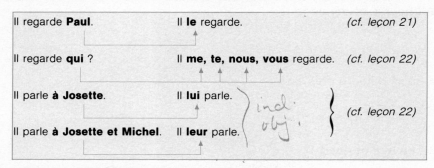

Il regarde **Paul**.	Il **le** regarde.	*(cf. leçon 21)*
Il regarde **qui** ?	Il **me, te, nous, vous** regarde.	*(cf. leçon 22)*
Il parle **à Josette**.	Il **lui** parle.	
Il parle **à Josette et Michel**.	Il **leur** parle.	*(cf. leçon 22)*

Remarque :
Sujet ≠ Objet

6 *Quelles sont les phrases qui vont ensemble ?*

Exemple : a. Il offre le livre à ses parents. 5. → Il le leur offre.

- a. Il offre le livre à ses parents.
- b. Il offre le livre à sa mère.
- c. Il offre les photos à ses parents.
- d. Il offre des photos à ses parents.
- e. Il offre la photo à ses parents.
- f. Il offre les cigarettes à son père.
- g. Il offre la photo à sa mère.
- h. Il offre des cigarettes à son père.

1. Il les lui offre.
2. Il les leur offre.
3. Il le lui offre.
4. Il lui en offre.
5. Il le leur offre.
6. Il la leur offre.
7. Il la lui offre.
8. Il leur en offre.

Les verbes pronominaux

a. | Je **me** lave.   Je **me** regarde dans la glace.   Je **m'**achèterai un croissant.

Remarque : Sujet = Objet
Je lave « moi ». Je regarde « moi ». J'achèterai un croissant « pour moi ».
Les deux pronoms sont de la même personne.

b. Cas de la troisième personne

| Il **se** lave.   Il **se** regarde dans la glace.   Il **s'**achètera un croissant.

Remarque : Le pronom **se** s'emploie avec les verbes pronominaux ; la forme tonique est **soi**.
*Exemple : On est bien chez **soi**.*

7 *Ils se rencontrent... Faites des phrases.*

Exemple : Nadine et Jean-Paul, se rencontrer tous les dimanches → Ils se rencontrent tous les dimanches.

Josette et Mme Rivot, se téléphoner souvent – vous et vos amis, s'aimer bien –
les voisins du troisième, s'inviter souvent – Philippe et son copain, se comprendre
bien – moi et ma copine de bureau, se parler tout le temps.

8 *Racontez le début de la journée.*

Exemple : Jean-Paul et Nadine se réveillent, etc.

Jean-Paul et Nadine, se réveiller – ils, se lever – Nadine, se coiffer – Nadine, se
maquiller – Jean-Paul, se raser – Jean-Paul, se doucher – Jean-Paul et Nadine,
s'habiller.

il se regarde dans le miroir.

Se lever, se promener, s'appeler

1. *(se) lever, (se) promener* se conjuguent comme *(s') acheter*.
2. *(s') appeler* : *j' (je m')* **appelle** [ɛ], *nous (nous)* **appelons** [ə].

9 *Cécile s'achètera... Faites des phrases.*

Exemple : Cécile, un croissant → Cécile s'achètera un croissant.

moi, un costume – Jean-Paul, un vélo – Anne, un appareil photo – mes voisins, une voiture – ma sœur, une machine à écrire – la fille de Bréal, un salon de coiffure.

Le verbe ouvrir

Indicatif présent

S	1	J' **ouvre** la porte.	Nous **ouvrons** la boutique demain.	1	P
I N G U	2	Tu **ouvres** la fenêtre ?	Vous **ouvrez** la boîte aux lettres ?	2	L U R I
L I E R	3	On Il **ouvre** un restaurant. Elle	Ils **ouvrent** à dix heures. Elles	3	E L

Remarque :
couvrir et *offrir*
se conjuguent
comme *ouvrir*.

ouvrir - ouvert
offrir - offert
couvrir = couvert

Passé composé : J'ai ouvert, tu as ouvert, etc.   **Futur :** J'ouvrirai, tu ouvriras, etc.

10 *Faites des phrases avec* ouvrir *et* offrir.
Employez des temps différents et des pronoms.

Exemple : pull-over → Je lui offrirai un pull-over.
bouteille de vin – boîte de cassoulet – livre – chemise.

Je leur offrirai une bouteille de vin
Je la offrirai « boîte de cassoulet
« le offrirai un livre

POUR BIEN PRONONCER

Les sons [t] / [d]

Dès sept heures, on entend Nadine et Jean-Paul se disputer ;
ils ne perdent pas de temps !

11 *Écoutez ; répétez.*

Nadine entre par la porte de droite. – Je dois prendre le train à huit heures. – Nous déjeunerons tous les deux avant de partir. – Elle se dépêche de descendre pour regarder dans la boîte aux lettres. – Il a travaillé toute sa vie dans l'informatique et maintenant il doit prendre sa retraite. – Dans deux minutes, je regarderai le journal télévisé. – Demandez-lui d'attendre son tour devant la porte. – Il a été en retard toute la matinée, et maintenant il se dépêche de déjeuner ; jamais un instant de liberté !

Écoutez une deuxième fois et écrivez.

Actives, inactives

12 **_Interrogez votre voisine. Qu'a-t-elle fait hier (aujourd'hui) ? Qu'est-ce qu'elle fera demain ?_**

D'après un sondage *Figaro/Sofres* (janvier 1984), 10 % de Françaises pensent que pour le bonheur d'une femme, travailler est quelque chose d'indispensable, 49 % pensent que c'est souhaitable, 29 % pensent que ce n'est pas vraiment nécessaire, 8 % pensent que ce n'est pas souhaitable.

Et vous, qu'en pensez-vous ?

Dans votre pays, beaucoup de femmes travaillent-elles ? Dans quel secteur d'activité ?

En France

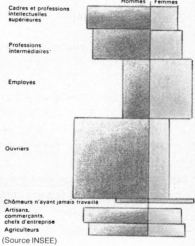

Hommes | Femmes

Cadres et professions intellectuelles supérieures

Professions intermédiaires

Employés

Ouvriers

Chômeurs n'ayant jamais travaillé
Artisans, commerçants, chefs d'entreprise
Agriculteurs

(Source INSEE)

13 **_Elle aime (elle n'aime) pas son travail._**
Racontez sa journée.

14 **_Écoutez._**

Six heures et quart, le réveil sonne
Et dehors il fait noir.
Faut se lever, et toi tu donnerais tout
Pour resteᵣ couchée.
Les enfants dorment encore
Dans la salle à manger sur le vieux canapé.
Tu fais réchauffer le café
Et tu prépares le déjeuner
T'auras pas le temps de te maquiller.

Dans l'escalier la radio swingue
Les infos de la matinée
À sept heures dix, tu abandonnes
Le plus petit chez la nourrice
Tu lâches le grand devant la porte du lycée
Vite fait dans la foulée
Il dit salut, mais toi, tu n'entends rien
Tu cours déjà après ton train.
T'es en retard comme chaque matin.

IMAGO, *Six heures et quart le réveil sonne*, Sibécar.

15 *Temps libre* (par jour, en minutes).

	mère travaillant	**mère au foyer**
télévision	55	85
sorties	30	30
conversation	25	30
lecture	20	15

Dominique Frémy, *Quid,* Éd. Robert Laffont, 1987.

Et vous, de quel temps libre disposez-vous ?

16 *Lisez ces petites annonces.*

À qui s'adressent-elles surtout ?
Lesquelles offrent (demandent) un emploi à mi-temps ?
Lesquelles offrent (demandent) un emploi à temps partiel ?
Qu'est-ce qu'un mi-temps ?
Qu'est-ce qu'un temps partiel ?

Le travail à mi-temps ou à temps partiel est-il possible chez vous ?

Une femme doit-elle travailler ?

Doit-elle rester à la maison ?

Prenez position !

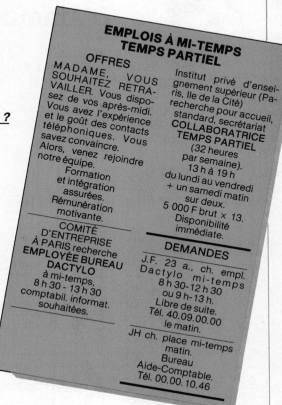

EMPLOIS À MI-TEMPS
TEMPS PARTIEL

OFFRES

MADAME, VOUS SOUHAITEZ RETRA-VAILLER. Vous disposez de vos après-midi. Vous avez l'expérience et le goût des contacts téléphoniques. Vous savez convaincre. Alors, venez rejoindre notre équipe.
Formation et intégration assurées. Rémunération motivante.

Institut privé d'enseignement supérieur (Paris, Ile de la Cité) recherche pour accueil, standard, secrétariat
COLLABORATRICE TEMPS PARTIEL (32 heures par semaine).
13 h à 19 h du lundi au vendredi + un samedi matin sur deux.
5 000 F brut × 13. Disponibilité immédiate.

COMITÉ D'ENTREPRISE À PARIS recherche
EMPLOYÉE BUREAU DACTYLO
à mi-temps, 8 h 30 - 13 h 30 comptabil. informat. souhaitées.

DEMANDES

J.F. 23 a., ch. empl. Dactylo mi-temps 8 h 30-12 h 30 ou 9 h-13 h. Libre de suite. Tél. 40.09.00.00 le matin.

JH ch. place mi-temps matin. Bureau Aide-Comptable. Tél. 00.00.10.46

17 *Une journée extraordinaire. Imaginez...*

La journée commence comme d'habitude. Et tout à coup...

18 *Lecture.*

L'été, je me levais à cinq heures du matin et l'hiver, peut-être à cinq heures et demie. J'allais d'abord traire les vaches. [...]
Après c'était le déjeuner des gosses, leur café au lait et la vaisselle. [...]
Avec mes trois filles, 'Phraïm, mon père, mon frère Marius, quatre ou cinq compagnons, on arrivait à être une douzaine à table. [...]
En ce temps-là, comme on dînait à onze heures et on soupait à huit heures, les hommes mangeaient dans l'après-midi. Je préparais leur goûter à quatre heures. [...]
J'ai toujours fait la lessive de la famille et tous les draps, y compris ceux des compagnons. Je prenais trois matins : un pour mettre tremper, un pour faire bouillir, et le surlendemain j'emmenais mon linge sur une brouette pour le rincer au lavoir. Le dimanche après-midi, je repassais. [...]
Dans les beaux jours, j'aidais aux champs. [...] Ni dans la journée, ni dans la semaine, je rêvais de m'asseoir ou d'aller chez les voisines. Henriette Pommeret venait chercher son lait, et Justine aussi, l'autre voisine. Elles me causaient un peu pendant que je trayais les vaches, mais j'avais guère le temps de m'arrêter pour bavarder.

Ephraïm Grenadou, Alain Prévost, *Grenadou paysan français,* Le Seuil.

24 D'amour et d'eau fraîche

Jean-Paul ? C'est l'ami de Nadine, vous l'avez deviné. Ils se sont connus l'année dernière... Où ? Au Cameroun... Comment ? Eh bien ! Jean-Paul est comptable dans l'agence d'une banque française, à Douala. Nadine était en vacances chez sa sœur... Un jour, chez ses amis Duval, Jean-Paul a rencontré Nadine... et comme le hasard fait bien les choses... Nadine est la sœur de madame Duval.

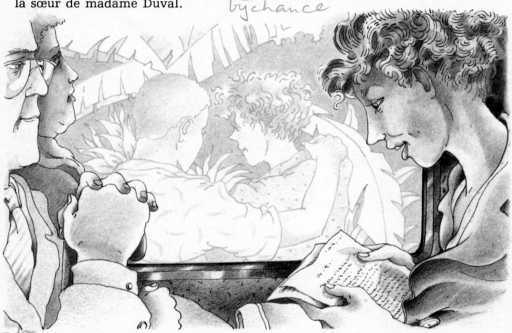

Nadine et Jean-Paul se sont plu tout de suite. Pendant le mois de vacances de Nadine, ils sont souvent sortis ensemble. Ils ont beaucoup parlé... de leur travail, de leur avenir... Ils s'entendent bien : ils ont les mêmes goûts, les mêmes opinions sur les choses et les gens...

Aujourd'hui, bien sûr, ils veulent se retrouver et se marier.

Oui, mais on ne vit pas d'amour et d'eau fraîche, ni à Paris ni à Douala ! Ces jeunes gens ont besoin de gagner leur vie. Les vacances finies, Nadine a dû quitter le Cameroun... et Jean-Paul. Elle travaille à Paris, comme secrétaire dans une société d'import-export. Jean-Paul aime bien son travail à Douala. Nadine, elle, n'aime pas le sien : elle est assez mal payée, son bureau est loin de chez elle... et son chef de service est désagréable...

Alors, il faut trouver, à Douala, un emploi pour Nadine ! Oui, mais voilà, ce n'est pas facile. Jean-Paul et les Duval ont bien cherché... mais ils n'ont pas encore trouvé...

Dans l'autobus, Nadine ouvre la lettre de Jean-Paul. « Nadine chérie, enfin une bonne nouvelle ! À la fin du mois prochain, ma banque aura besoin d'une employée et... »

1 *Relisez le texte « D'amour et d'eau fraîche » et répondez ou commentez.*

        a. Nadine est déjà à Douala ?
        b. Mme Duval est la sœur de Jean-Paul ?
        c. Jean-Paul est le mari de Nadine ?
        d. Pour bien s'entendre... il faut avoir les mêmes goûts ?
        e. Trouver un emploi à Douala, c'est facile ?
        f. L'amour remplace l'argent !
        g. Ce matin, Nadine voit la vie en rose.

2 *Alors : la conséquence. Observez.*

        Nadine n'aime pas son travail à Paris, **alors** il faut lui trouver un emploi à Douala.

Faites des phrases avec *alors.*

        a. ... (ne plus aimer sa femme) alors il a demandé le divorce.
        b. Il a rencontré une jolie brune alors (quitter Nadine).
        c. Ils se plaisent alors (sortir souvent ensemble).
        d. Une porte claque très fort alors (se réveiller).
        e. ... alors (rater son bac).
        f. ... alors (rester au lit).

3 *Nadine et Jean-Paul se sont mariés. Les relations familiales.*

les **parents** de Nadine
(les beaux-parents de Jean-Paul)

les **parents** de Jean-Paul
(les beaux-parents de Nadine)

M. ET Mme CAMY

M. ET Mme GIRARD

COLETTE

NADINE ET JEAN-PAUL

THIERRY

    Colette
la sœur de Nadine
la belle-sœur de Jean-Paul

la belle-fille
de M. et Mme Girard

le gendre
de M. et Mme Camy

le frère de Jean-Paul
le beau-frère de Nadine

4 *Je vous demande... . Complétez oralement.*

*Exemple : Qui est Jean-Paul ? → Je vous demande **qui** est Jean-Paul.*

        a. Ils se sont connus à Douala. → Je vous demande ... .
        b. Ils se sont rencontrés pendant les vacances. → Je vous demande ... .
        c. Ils sont sortis souvent ensemble. → (si) Je vous demande ... .
        d. Elle travaille dans une société d'import-export. → Je vous demande ... .
        e. Elle va au bureau en autobus. → Je vous demande ... . *comment*
        f. Jean-Paul aime bien son travail. → (si) Je vous demande ... .
        g. Il faut trouver un emploi pour Nadine. → (si) Je vous demande ... .

s'il aime bien son travail
s'il faut trouver un emploi

Les verbes pronominaux à l'infinitif

Il va **se** marier avec Nadine.   **Nous** allons **nous** voir bientôt.   **Tu** aimes **te** promener avec elle ?

Remarques :   1. Le pronom réfléchi est **avant** le verbe à l'infinitif.
                2. Place de la négation : *Il **ne** va **pas** se marier avec Nadine.*

5 *Faites des phrases avec aller, vouloir, aimer, pouvoir + infinitif, à la forme affirmative ou négative.*

se marier avec Nadine – se retrouver bientôt – se promener au Luxembourg – se lever tard – se lever tôt.

Les verbes pronominaux à l'impératif

Présente-**toi** demain !	Ne **te** présente pas ce soir !
Marions-**nous** à Douala !	Ne **nous** marions pas à Paris !
Occupez-**vous** de votre travail !	Ne **vous** occupez pas de moi !

Remarques :   1. Forme affirmative : le pronom est **après** le verbe ;
                formes toniques : *toi, nous, vous.*
                Forme négative : le pronom est **avant** le verbe.
             2. Attention au trait d'union : Occupez-vous...
             3. Tu te présentes, *mais* présent**e**-toi, ne te présent**e** pas...

6 *Donnez des ordres : a. à la forme affirmative ; b. à la forme négative.*

se réveiller – se lever – s'habiller – se laver – se doucher – se coiffer.

se raser – se maquiller – se reposer – s'impatienter.

Les verbes pronominaux au passé composé ; accord du participe passé

Je me suis lavé(e).	→ Je me suis lavé les mains.
Tu t'es lavé(e) ?	→ Tu t'es lavé les pieds ?
Il (on) s'est lavé.	→ Il s'est lavé le visage.
Elle s'est lavée.	→ Elle s'est lavé le visage.
Nous nous sommes lavé(e)s.	→ Nous nous sommes lavé les dents.
Vous vous êtes lavé(e)s ?	→ Vous vous êtes lavé les cheveux ?
Ils se sont lavés.	→ Ils se sont lavé la figure.
Elles se sont lavées.	→ Elles se sont lavé la figure.

Remarques :   1. Les verbes pronominaux utilisent l'auxiliaire *être.*
             2. Quand le complément d'objet direct est **avant** le verbe, il y a accord du participe passé.
                Exemple : Elle s'est lavée.

             3. Quand le complément d'objet direct est placé **après** le verbe, il n'y a pas d'accord du participe passé.
                Exemple : Elle s'est lavé les mains.
             4. Ils se sont plu, ils se sont parlé : il n'y a pas d'accord.
                (= l'un a plu à l'autre, l'un a parlé à l'autre.)

7 *Cécile s'est promenée dans la ville ; et Jean-Paul ? Répondez.*

Exemple : Et Jean-Paul ? → Non, il ne s'est pas promené dans la ville.

Et tes parents ? (oui) – Et ta sœur ? (non) – Et vous, Philippe ? (non) – Et tes cousins ? (oui) – Et les deux jolies Portugaises ? (oui) – Et toi, Nadine ? (non)

8 *Une histoire d'amour. Écrivez-la, mettez les verbes au passé composé.*
Attention à l'accord du participe passé.

Jean-Paul et Nadine (se rencontrer). – Tout de suite, ils (se plaire) et (bien s'entendre). – Ils (se téléphoner) et (se donner) rendez-vous. – Ils (se promener) souvent ensemble. – Puis ils (se fiancer) et (se marier).

Les adjectifs et les pronoms possessifs

			SINGULIER			PLURIEL	
			masculin	féminin		masculin	féminin
	à moi		**mon** fils	**ma** fille		**mes** fils	**mes** filles
			le mien	la mienne		les miens	les miennes
	à toi		**ton** fils	**ta** fille		**tes** fils	**tes** filles
			le tien	la tienne		les tiens	les tiennes
C'est	à lui à elle	C'est	**son** fils	**sa** fille	Ce sont	**ses** fils	**ses** filles
			le sien	la sienne		les siens	les siennes
	à nous		**notre** fils	**notre** fille		**nos** fils	**nos** filles
			le nôtre	la nôtre			les nôtres
	à vous		**votre** fils	**votre** fille		**vos** fils	**vos** filles
			le vôtre	la vôtre			les vôtres
	à eux à elles		**leur** fils	**leur** fille		**leurs** fils	**leurs** filles
			le leur	la leur			les leurs

Remarque : le, la n**ô**tre ; le, la v**ô**tre ; les n**ô**tres ; les v**ô**tres. Prononcer : [o].

9 *Complétez avec un pronom possessif.*

Exemple : Je prendrai mon manteau et toi, tu prendras le tien.

Nous avons fini nos exercices ; est-ce qu'ils ont fini ... ? – J'ai fait ma valise ; est-ce que tu as fait ... ? – Nos enfants s'entendent très bien avec ... ? – J'ai invité ma petite amie ; est-ce que tu as invité ... ? – Nous avons pris nos vacances ; quand prendrez-vous ... ? – Ne prenez pas votre voiture ; nous prendrons ... Mon école est très moderne ; comment est ... ? – Mes amis se sont retrouvés avec ...

POUR BIEN PRONONCER

Les sons [o] / [ɔ]

As-tu le numéro de téléphone de notre copain Jérôme ?

10 *Écoutez ; répétez.*

Pour aller au bureau, il faut prendre l'autobus. – Jérôme travaille dans l'informatique, et Jean-Paul dans l'import-export. – Je n'ai pas d'opinion sur ce problème. – L'avenir n'est pas rose pour les chômeurs sans diplôme. – Nos copains Jérôme et Josette étaient à l'école avec nous. – Ce sont vos copains ? Ce sont aussi les nôtres. – Josette sort par la porte de gauche. – Comment est le numéro de téléphone de l'hôtel de Claude ? Pas de problème. – Que dit la météo ? Il ne fera pas beau ? Je mets des bottes chaudes.

Écoutez une deuxième fois et écrivez.

Un peu, beaucoup, plus du tout...

11 _Ouvrons le dictionnaire. Amour : masculin ou féminin ?_

AMOUR n. m. (lat. _amor_). Élan physique ou sentimental qui porte un être humain vers un autre. ‖ Dévotion envers une personne, une divinité, etc. : _amour de Dieu, du prochain._ ‖ Passion, goût vif pour qqch : _amour des arts._ ‖ _Faire l'amour,_ accomplir l'acte sexuel. ‖ _Mon amour,_ interpellation à la personne aimée. ‖ _Un amour de_ (suivi du nom), qqch de très beau.

— _Amour_ est fém. au pl. dans la langue litt.

AMOURACHER (S') v. pr. [de]. Avoir pour qqn une passion soudaine et passagère.
AMOURETTE n. f. Amour passager, caprice.
AMOUREUSEMENT adv. Avec amour.
AMOUREUX, EUSE adj. et n. Qui éprouve de l'amour, de la passion pour qqn, qqch : _tomber amoureux ; amoureux de la belle musique ; un amoureux transi._ ‖ Relatif à l'amour : _regards amoureux ; vie amoureuse._

Dictionnaire du français contemporain, Larousse.

love at first sight.

12 _Dites-le avec des fleurs._

l'azalée	amour timide
la capucine	flamme d'amour
le chrysanthème	amour
la clématite	attachement
la corbeille d'argent	indifférence
l'héliotrope	amour fou
l'hortensia	froideur
le houblon	méchanceté
le lilas	amour naissant

Classez ces sentiments par ordre croissant (du moins fort au plus fort).

13 _D'accord ? Pas d'accord ? Réagissez spontanément._

- Le grand amour existe.
- C'est de la littérature.
- Le grand amour dure des semaines.
- Le grand amour (dure) toute la vie.
- Le mariage tue l'amour.

(Kill)

Pour vous aider :

Je pense que oui.	Je pense que non.
Je le pense.	Je ne le pense pas.
Je crois que oui.	Je crois que non.
C'est sûr (c'est certain).	C'est probable
Bien sûr ! (certainement !).	(j'en doute).
	Bien sûr que non !
	(certainement pas !).

If we want

Ça dépend... Si on veut...
Je ne sais pas.

pas toujours

14 _Les étudiants de votre classe pensent-ils la même chose que les étudiantes ?_

Selon une enquête de _Figaro Madame_ (septembre 1982), le grand amour existe sûrement pour 67 % des Français et 70 % des Françaises. C'est de la littérature pour 10 % des Français et 12 % des Françaises. 5 % des Français et 4 % des Françaises pensent qu'il dure des semaines ; 38 % des Français et 53 % des Françaises toute la vie. 25 % des Français et 22 % des Françaises estiment que le mariage est néfaste au grand amour.

15 _Comment est (comment imaginez-vous) l'homme ou la femme de votre vie ?_
Remplissez ce questionnaire puis interrogez votre voisin, votre voisine, sur la femme, l'homme de sa vie.

Son âge : entre ... et ... ans.
Sa situation de famille : célibataire ☐   veuf (veuve) ☐
divorcé(e) ☐   avec des enfants ☐   sans enfant ☐
Son allure : moderne ☐   décontractée ☐   classique ☐   distinguée ☐
simple ☐   sportive ☐
Son instruction : primaire ☐   secondaire ☐   universitaire ☐
Sa profession : ouvrier ☐   employé ☐   agriculteur ☐   commerçant ☐
cadre ☐   artisan ☐   chef d'entreprise ☐   fonctionnaire ☐
Ses qualités : ...
Ses goûts : sport ☐   voyages ☐   sorties ☐   spectacle ☐   nature ☐
musique ☐   bricolage ☐   animaux ☐   arts ☐
Pour vous, la vie à deux, c'est :
la tolérance ☐   la compréhension ☐   la tendresse ☐   la sécurité ☐
l'affection ☐   l'échange intellectuel ☐   la complicité ☐
l'intimité ☐   la joie de vivre ☐

16 _La main tendue. Vous pouvez l'aider. Répondez à Nathalie._

Voici mon problème : j'ai dix-neuf ans et je suis au chômage depuis un an. Comme je n'ai pas de ressources, je vis chez mes parents et je m'occupe de mes frères et sœurs âgés de cinq et deux ans car mon père et ma mère travaillent la nuit. J'ai rencontré un garçon de vingt-cinq ans. Malheureusement, il habite à 150 km de chez moi. On ne peut donc presque jamais se voir, seulement s'écrire ou se téléphoner.

Et cela fait un an que ça dure comme ça. Mais on ne peut pas s'aimer éternellement par correspondance. Je me sens partagée entre mon amour pour mon ami et ma famille et je commence à perdre espoir. Aidez-moi ! Dites-moi ce que vous pensez de ma situation et, si vous le pouvez, conseillez-moi ! Merci pour vos lettres que j'espère nombreuses.
Nathalie.
Femme Actuelle, 12-18 oct. 1987.

17 _Lisez._

Bien sûr nous eûmes des orages
Vingt ans d'amour d'un amour fort
Mille fois tu pris ton bagage
Mille fois je pris mon envol
Et chaque meuble se souvient
Dans cette chambre sans berceau
Des éclats des vieilles tempêtes
Plus rien ne ressemblait à rien
Tu avais perdu le goût de l'eau
Et moi celui de la conquête.

Oh mon amour !
Mon doux, mon tendre, mon merveilleux amour !
De l'aube claire jusqu'à la fin du jour
Je t'aime encore, tu sais, je t'aime !

JACQUES BREL, GÉRARD JOUANNEST, _La chanson des vieux amants_,
Édition Fouchenel, Bruxelles.

LEÇON 23

Raconter au présent.

■ Raconter au présent.
■ Monologuer.
▶ Les pronoms personnels compléments : rappel.
▶ Les verbes pronominaux.
▶ Se lever, se promener, s'appeler.
▶ Le verbe ouvrir au présent, au passé composé et au futur.
▶ Les sons [t] / [d].
● Actives, inactives.

APPRENEZ

par cœur

le présent, le passé composé et le futur du verbe mettre, du verbe ouvrir et des verbes se laver, se lever, se promener et s'appeler.

Revoyez les pronoms personnels compléments, pages 28, 34, 35 et 42.

expressions et mots nouveaux

Actif(ve), adj.
Anniversaire, n. m.
Avant de, loc. prép.
Bébé, n. m.
Biscotte, n. f.
Cafetière, n. f.
Ciel, n. m.
Cigarette, n. f.
Claquer, v.
Coiffer (se), v.
Coup (d'œil), n. m.
Courrier, n. m.
Cri, n. m.
Dépêcher (se), v.
Doucher (se), v.
Écran, n. m.
Électrique, adj.

Gauche (de), loc.
Glace, n. f.
Impatienter (s'), v.
Inactif(ve), adj.
Jeter, v.
Laver (se), v.
Lever (se), v.
Maquiller (se), v.
Marche (en), loc.
Matinée, n. f.
Mi-temps (à), loc.
Œil, n. m.
Partiel(le), adj.
Plus (de), loc. adv.
Politique, n. f.

Porte, n. f.
Prêt(e), adj.
Quatre à quatre, loc. adv.
Quelque, adj. indéf.
Rapidement, adv.
Raser (se), v.
Refaire, v.
Refermer, v.
Réveiller (se), v.
Robe de chambre, n. f.
Salle de bains, n. f.
Séance, n. f.
Sortie, n. f.
Tard (plus), loc. adv.
Tour (à mon), loc.

1 Transformez les phrases.

Exemple : Est-ce que **vous** avez ouvert la fenêtre ? (ils)
→ Est-ce qu'**ils ont ouvert** la fenêtre ?

l'employé – Nadine – tu – la secrétaire.

Exemple : Qu'est-ce que Jean-Paul offrira à Nadine pour son anniversaire ? (vous)
→ Qu'est-ce que **vous offrirez** à Nadine pour son anniversaire ?

Josette – les enfants – tu – nous.

2 Posez des questions au présent avec ces pronoms personnels et ces verbes pronominaux.

elle, s'appeler – vous, se réveiller – il, se promener – nous, s'acheter – on, se rencontrer – tu, s'impatienter.

3 Répondez. Utilisez des pronoms personnels compléments.

– Tu connais mon mari ? – Non, ...
– Ils inviteront les Bréal ? – Oui, ...
– Elle a pris ses bottes ? – Non, ...
– Et son pull-over ? – Oui, ...
– Vous avez parlé à Jean-Paul ? – Non, ...
– Ils ont téléphoné à Jérôme et à Josette ? – Oui, ...
– Vous avez ouvert la bouteille ? – Non, ...
– Il a offert ce chemisier à Françoise ? – Oui, ...

4 Mettez les verbes au temps qui convient.

Ce matin, je me suis réveillée à sept heures et demie. Je (se lever), je (ouvrir la fenêtre), je (regarder le ciel). Je (mettre en marche la cafetière électrique), je (passer dans la salle de bains), je (revenir dans sa chambre), je (refermer la fenêtre), je (refaire son lit), je (s'habiller).

Demain sera comme aujourd'hui.
Nadine se réveillera à sept heures et demie. Elle (se lever), elle (ouvrir la fenêtre), elle (regarder le ciel). Elle (mettre en marche la cafetière électrique), elle (passer dans la salle de bains), elle (revenir dans sa chambre), elle (refermer la fenêtre), elle (refaire son lit), elle (s'habiller).

LEÇON 24

Pour travailler à la maison

expressions et mots nouveaux

Amour, *n. m.*
Beaux-parents, *n. m. pl.*
Belle-fille, *n. f.*
Belle-sœur, *n. f.*
Cassette, *n. f.*
Chômeur, *n. m.*
Comptable, *n.*
Dent, *n. f.*
Désagréable, *adj.*
Divorcer, *v.*

Entendre (s'), *v.*
Époux, *n. m.*
Fiancer (se), *v.*
Fin, *n. f.*
Figure, *n. f.*
Fort(e), *adj.*
Hasard, *n. m.*
Histoire, *n. f.*
Marier (se), *v.*
Occuper (s') (de), *v.*

Opinion, *n. f.*
Quitter, *v.*
Remplacer, *v.*
Rendez-vous, *n. m.*
Reposer (se), *v.*
Sentiment, *n. m.*
Tôt, *adv.*
Tout de suite, *loc. adv.*
Transistor, *n. m.*
Visage, *n. m.*

■ *Raconter au passé et au présent.*

▶ *Les verbes pronominaux à l'infinitif, à l'impératif et au passé composé.*

▶ *Les adjectifs et les pronoms possessifs.*

▶ *Les sons* [o] / [ɔ].

● *Un peu, beaucoup, plus du tout...*

1 ***Transformez les phrases.***

Exemple : Quand est-ce que Nadine va se marier ? (vous)
→ *Quand est-ce que vous allez vous marier ?*

Nadine et Jean-Paul – Odile – nous – tu.

Exemple : Ce matin, il ne s'est pas levé tôt ! (ils)
→ *Ce matin, ils ne se sont pas levés tôt !*

ton frère – Nadine – Nadine et Colette – je.

Exemple : Je prends mon vélo. Est-ce que tu prends le tien ? (ma voiture) → *Je prends ma voiture, est-ce que tu prends la tienne ?*

mon billet – mes photos – mes livres.

Exemple : Nous apporterons notre guitare. Est-ce que vous apporterez la vôtre ? (nos disques) → *Nous apporterons nos disques. Est-ce que vous apporterez les vôtres ?*

nos cassettes – nos disques – notre transistor.

2 ***Une histoire d'amour. Mettez les verbes au passé composé (attention à l'accord du participe passé).***

Un jour, Nadine et Jean-Paul (*se rencontrer*, accord). Tout de suite, ils (*se plaire*, pas d'accord) et (*s'entendre bien*, accord). Ils (*se téléphoner*, pas d'accord), (*se donner rendez-vous*, pas d'accord) et ils (*sortir ensemble*, accord) très souvent... Puis ils (*se marier*, accord).

3 ***La lettre de Jean-Paul. Mettez les verbes aux temps indiqués.***

Dans deux mois tu (*être*, futur) secrétaire dans ma banque. Mais avant, nous (*se marier*, futur). J' (*demander*, passé composé) un congé pour venir te retrouver et si tu (*vouloir*, présent), nous (*faire*, futur) le mariage chez tes parents à la campagne. Ta sœur et ton beau-frère de Douala (*être*, futur) là. À Douala, j' (*trouver*, passé composé) un bel appartement. Nous (*devoir*, futur) acheter quelques meubles, mais pour ça, je t' (*attendre*, futur).

4 ***Complétez les phrases avec un verbe pronominal.***

Exemple : Nous avons besoin de ... → *Nous avons besoin de nous rencontrer.*

● Dimanche, j'ai besoin de ... →
● Vous ne devez pas ... →
● Nadine, nous allons ... →
● Ils ne peuvent pas ... →
● Il doit ... →
● Elle peut ... →

Pour les exercices 1, 2 et 3, relisez les tableaux et les remarques de la page 48.
Pour l'exercice 4, relisez la page 46. Revoyez le passé composé avec avoir, le futur, page 14, et le passé composé des verbes pronominaux, page 48.

25 Embouteillages... *masc.*

1 _Aiment-ils la ville ? Oui / Non ? Dites pourquoi._

    a. La marchande de journaux.
    b. La mère de famille.
    c. Le chauffeur de taxi.
    d. La gardienne de l'immeuble.
    e. Le chauffeur d'autobus.
    f. Le propriétaire du chien.

2 _Relisez la page de gauche et observez._

Adjectifs	... **Toute** la journée... C'est **tous** les jours pareil ? ... **tous** les deux...	Ce sont des gens que je vois **chaque** jour... Oui, **chaque** jour, à cette heure-ci...	c'est la **même** chose...
Pronoms	... **tout** ça me plaît...		
Adverbes	... **tout** seuls...		... **Même** ce bruit !

3 _Complétez les phrases avec les mots indéfinis._

L'autobus doit s'arrêter à _tous_ les feux rouges. À _chaque_ coin de rue, il y a un café. La petite fille traverse _tout_ seule le carrefour. La marchande de journaux voit les _mêmes_ clients, _chaque_ jour. Nadine prend l'autobus _tous_ les jours. Le propriétaire du chien aime la ville, le monde, le mouvement. _Tout_ ça lui plaît, _même_ le bruit..

4 _Observez._

La marchande **de** journaux – Le chauffeur **d'**autobus – Le café **du** coin...
        1   2   1   2   1   2

Le 1er et le 2e noms sont réunis par une préposition (**de, d', du, de la**) ; le 2e nom est complément du 1er.

Formez des noms composés et employez-les dans des phrases.

Exemple : client, taxi → le client du taxi habite rue Edgar Quinet.

- mur, maison → _de la_
- gardienne, immeuble → _de l'imm_
- immeuble, coin → _du_
- coin, rue → _de la_
- rue, banque → _de la_

- chien, client → _du_
- client, taxi → _du_
- chauffeur, autobus → _d'_
- autobus, soir → _du_
- mouvement, rue → _de la_

5 _Lecture ou dictée._

En ville, la vie des gens n'est pas toujours facile. Le travail y est souvent très dur. Les temps de transport sont longs. Il y a trop de voitures dans les rues, et la circulation y est très lente. Tous les quartiers ne sont pas agréables à habiter, et tous les appartements ne sont pas modernes et confortables ! Et pourtant, peu de personnes veulent quitter la ville. Pour elles, le bonheur n'est pas à la campagne, dans la solitude. Il est dans la ville et son mouvement, ses bruits et ses lumières, dans toutes les possibilités qu'elle offre...

POUR PRATIQUER LA GRAMMAIRE

Les pronoms relatifs

a. Le pronom qui

J'ai **des clients**. **Ces clients** sont mes amis. → J'ai **des clients qui** sont mes amis.

masc singulier

J'ai vu **le film**. **Ce film** passe au Rex. → J'ai vu **le film qui** passe au Rex.

Remarques : 1. Les deux phrases deviennent une seule phrase avec :
– une proposition **principale** *(J'ai des clients)*
– et une proposition subordonnée **relative** *(qui sont mes amis)*.
2. *Des clients, le film* sont les **antécédents** du pronom relatif **qui**.
3. **Qui** est sujet du verbe de la proposition relative ; il a le même genre et le même nombre que l'antécédent.

b. Le pronom que

J'ai **des clients**. Je vois **ces clients** chaque jour. → J'ai **des clients que** je vois chaque jour.

J'ai vu **le film**. Tu as regardé **ce film** à la télévision. → J'ai vu **le film que** tu as regardé à la télévision.

Remarques : 1. **Que** est complément d'objet direct du verbe de la proposition relative ; il a le même genre et le même nombre que l'antécédent.
2. Le verbe de la proposition relative introduite par **que** est au passé composé : le participe passé s'accorde. } *Ex. :* J'ai vu **les films que** tu as regardé**s**.
3. **Que** + voyelle = **qu'**.

6 *Faites une seule phrase avec le pronom relatif qui.*

Nous avons des amis. Ces amis habitent dans cette rue. – Passe chez la marchande de journaux. Cette marchande de journaux est au carrefour. – J'ai rencontré des jeunes filles. Ces jeunes filles habitent au troisième étage. – Mon oncle est un retraité. Il vit à la campagne. – As-tu acheté ces livres ? Ils parlent de l'histoire de la ville. – Je vais prendre l'autobus. Il passe au coin de la rue.

qui can *replace à noun or pronom personnel*

7 *Faites une phrase avec le pronom relatif que.*

Exemple : Douala est une ville, aimer beaucoup → Douala est une ville **que** j'aime beaucoup.

Philippe est un garçon, connaître bien – Nadine est une amie, voir tous les jours – ce sont des voisins, rencontrer souvent – ce sont des amis, inviter dimanche – c'est le dessert, préférer – voici une leçon, devoir apprendre.

que je dois

8 *Trouvez un antécédent.*

Exemple : J'aime beaucoup ... que vous avez choisi. → J'aime beaucoup *le costume* ou *le pull* que vous avez choisi.

Voici ... que je porterai au mariage de Nadine. – N'oubliez pas ... que je vous ai donnés. – Jean-Paul regarde ... qui passent à la télévision. – J'attends ... qui viennent dîner. – Prenez ... que le docteur vous a donnés. – Téléphone à ... qui est près de chez toi.

Les cadeaux

Les medicaments

le cabine telephonique

Le pronom y

a.

Pensez-vous **à votre travail ?** | Oui, j'**y** pense.

Remarques :
1. **Y** remplace le groupe *à* + nom de chose.
2. Attention ! À l'impératif : pense**s**-y, va**s**-y *mais* n'y pense pas, n'y va pas.

b.

Elle est **sur la table** ? Oui, elle **y** est.

Tu vas **chez lui** ? Oui, j'**y** vais.

Remarques :
1. Préposition indiquant le lieu : *à, chez, en, dans, sur* + nom ou pronom → **y**.
   *Exemple : Je vais **à Paris**.* → *J'**y** vais.*
2. Préposition indiquant le lieu : *de* + nom ou pronom → **en**.
   *Exemple : Je viens **de Paris**.* → *J'**en** viens.*

9 ***Faites des phrases avec*** y. ***Faites l'exercice à trois.***

Exemple : toi, au théâtre → Est-ce que tu vas souvent au théâtre ? Oui, j'y vais souvent. ou Non, je n'y vais pas souvent.

vous, dans les magasins – Nadine, chez ses parents – elle, chez ses amis – Jean-Paul, à la campagne – Sylvie, à Venise – nos voisins, en vacances – Philippe et son copain, à la mer – Henri, en Bretagne.

Recommencez l'exercice au passé composé.

Le verbe voir

Indicatif présent

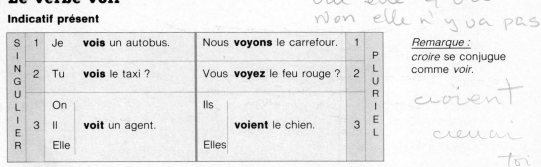

S I N G U L I E R	1	Je	**vois** un autobus.	Nous **voyons** le carrefour.	1	P L U R I E L
	2	Tu	**vois** le taxi ?	Vous **voyez** le feu rouge ?	2	
	3	On Il Elle	**voit** un agent.	Ils Elles **voient** le chien.	3	

Remarque :
croire se conjugue comme *voir*.

Passé composé : J'ai vu, tu as vu, etc. **Futur :** Je verrai, tu verras, etc.

10 ***Conversation. Remplacez*** lui *par* toi, *par* eux, *puis par* vous. ***Faites l'exercice à deux.***

– Lui, il voit beaucoup de films ? – Oui, il voit les films nouveaux. – Il les voit tous ? – Eh oui ! Il les voit tous ! – Alors, il en voit vraiment beaucoup !

Reprenez l'exercice au passé composé et au futur.

POUR BIEN PRONONCER

Les sons [f] / [v]

Attention, Philippe ! Les voitures ne voient pas le feu vert de ce carrefour.

11 ***Écoutez ; répétez.***

Allô, docteur ? Vous pouvez venir ? Ma fille a de la fièvre. – Je vous invite à venir passer des vacances à la ferme. – Vous lui offrez des fleurs pour sa fête ? – Les enfants ont pris froid pendant les vacances, mais ce n'est pas grave. – Pouvez-vous téléphoner au chef du personnel ? – On l'a vu à la télévision ! Vas-y ! Devine ! Tu sais, il est frisé. – Philippe est en voyage ; il va faire 20 000 kilomètres. – En voiture ? – Non, en avion ! – Quand même, il faut le faire !

Écoutez une deuxième fois et écrivez.

La ville est un carrefour

12 **_D'accord ? Pas d'accord ? Réagissez !_**

- Le béton, c'est affreux !
- Les gens des villes sont agressifs !
- Il faut réduire la circulation dans le centre des villes !
- Il y a trop de chiens et de chats dans les villes !
- Les usines sont la principale cause de la pollution !
- La police n'est pas assez présente dans les rues !
- Il faut multiplier les transports en commun !

**_Vous aimez (vous n'aimez pas) la ville. Pourquoi ?
Dialoguez avec vos voisins._**

13 **_Quels mots associez-vous à quelles rubriques ?_**

Hôtel de Ville   *Town Hall*
Mairie
Préfecture
Pompiers
Police
Gendarmerie
Centre anti-poisons
M.J.C. (Maison des jeunes et de la culture)
Hôpitaux
Maison des Arts
Ambulances
Centre socio-culturel
Pharmacie
Université inter-âges

ACCUEIL   SPORT
SANTÉ   TRANSPORTS
LISTES   AVIS DE
ÉLECTORALES   RECHERCHE
TOURISME   MUSIQUE
FORMATION   ENFANCE
SPECTACLES   ACTIVITÉS
LOGEMENT   CULTURELLES
EXPO-VIDÉO   VIE DE
                 QUARTIER
ENVIRONNEMENT

14 **_Choisissez l'une de ces rubriques et en groupe ou individuellement, écrivez un court article sur votre ville ou sur une ville proche, pour une revue locale. Vous traduirez ces articles en français._**

15 **_Imaginez qu'il y a une bourse d'échange dans votre quartier ou votre ville. Qu'est-ce que vous échangez ?_**

Quels conseils donnez-vous ?

VIE DE QUARTIER

BOURSE AUX PLANTES

Le Comité de quartier des Buttes-le-Halage, l'Association des intérêts communs du Halage, des parents d'élèves et des enseignants de l'école des Buttes organisent, le dimanche 25 octobre, une bourse aux plantes. Elle se déroulera à partir de 13 h 30, dans le square Poivrez (quartier du Halage).

Le système de la bourse aux plantes est simple : chacun échange des plantes, des arbustes, des graines, des conseils et son savoir-planter.
Parallèlement, une exposition aura lieu à partir de 16 heures dans la salle commune de la rue de Bonne. Elle présentera des dessins réalisés par les enfants de l'école des Buttes sur le thème « Créteil, ville fleurie ».

16 ***Adhérez-vous au Comité de dé-
fense de Créteil-Village ? Pourquoi ?***

ENVIRONNEMENT

M. GIRAUD : « C'est une priorité
régionale que de vouloir améliorer
les déplacements de rocade en région d'Ile-de-France. Ce projet de
Trans-Val-de-Marne répond parfai-
tement à cette priorité puisqu'il doit
permettre une meilleure circulation
des autobus de la R.A.T.P. entre le
Sud et le Nord du département du
Val-de-Marne, dans une zone urba-
nisée dense. Vingt-trois lignes d'autobus, en correspondance avec quatre lignes ferroviaires, desserviront la
préfecture et l'université ;
100 000 personnes directement
concernées, soit 12 millions de voya-
geurs par an. Ces chiffres donnent
une bonne indication de l'intérêt de
ce projet. »

Le Républicain, n° 2207, 25 juin 1987.

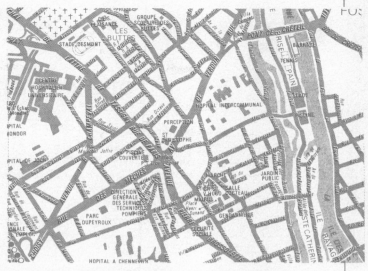

Le TVM traverse la ville depuis le carrefour Pompadour
jusqu'au pont de Créteil, en empruntant la partie cen-
trale de la chaussée, route de Choisy, rue des Mèches
puis avenue de Verdun.

17 ***Écrivez au président du Conseil régional.***

« Le projet du Trans-Val-de-Marne nous
inquiète... »

- Vous habitez le quartier du Colombier
  et vous ne pouvez pas rejoindre la
  place de l'église à partir de la rue du
  château.
- Vous êtes âgé(e) : la traversée de la
  chaussée sera plus difficile et plus dangereuse à cause du couloir du TVM.
- Vous êtes responsable des parcs et
  jardins de la ville et le projet menace
  votre travail.
- Vous êtes chirurgien au Centre hospita-
  lier intercommunal. Vos malades seront
  gênés par le bruit. Leurs visiteurs ne
  pourront plus stationner devant le
  CHIC, Avenue de Verdun.

18 ***Lecture.***

Le visage en feu

J'arrive à un carrefour,
le feu était au rouge.
Il n'y avait pas de voitures,
je passe !
Seulement, il y avait
un agent qui faisait le guet.
Il me siffle.
Il me dit :
– Vous êtes passé au rouge !
– Oui ! Il n'y avait pas de voitures !
– Ce n'est pas une raison !

Je dis :
– Ah si ! Quelquefois, le feu est au vert...
Il y a des voitures et...
je ne peux pas passer !
Stupeur de l'agent !
Il est devenu tout rouge.
Je lui dis :
– Vous avez le visage en feu !
Il est devenu tout vert !
Alors, je suis passé !

R. DEVOS, *Sens dessus dessous*, Stock.

26

AU plugged in

Tous « branchés » !

- 94 % des familles françaises ont un poste de télévision.
- 3 h 30. C'est le temps que le téléspectateur passe chaque jour devant son téléviseur.
- Il y a 50 millions de postes de radio en France (autant de postes que de Français).
- 2 h 45. C'est le temps moyen d'écoute par auditeur et par jour.
- 45 % des Français lisent un journal quotidien.
- Il y a 88 titres différents de journaux quotidiens et 3 000 titres différents de revues et de magazines hebdomadaires ou mensuels.

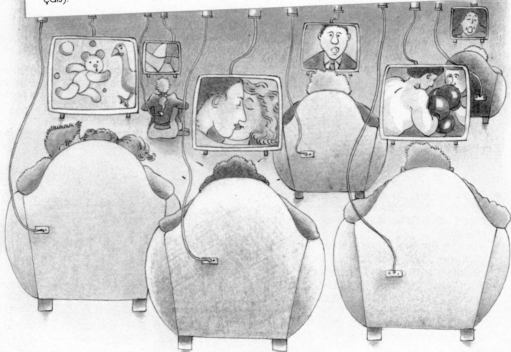

— Est-ce que les Français passent toutes ces heures à s'informer et à se cultiver ? Est-ce qu'ils ne cherchent pas surtout à se distraire ? *above all*
À la télé, par exemple, leurs émissions préférées ne sont pas les émissions d'actualité et les documentaires, ce sont les films et les variétés.

— Oui, sans doute... Pourtant, le matin, à l'heure du petit déjeuner, tous les Français — ou presque — écoutent les nouvelles du jour à la radio. Et le soir, ils se retrouvent tous devant le petit écran pour le « Journal télévisé » de 20 heures... C'est ça, la démocratisation de l'information... *screen*

— Oui... Pour nos grands-parents, qui, dans leur jeunesse, n'avaient ni le son ni les images, et qui lisaient très peu, c'est une vraie révolution... *sound*

— Et qui commence seulement ! L'information a déjà fait et fera d'énormes progrès. Demain, les satellites, la télématique et le câble dans les villes...

— Ah là ! Demain, on aura un autre problème... Entre tous ces moyens d'information, comment va-t-on choisir ? *means*

1 *Information.*

Pour quel moyen d'information (télévision, radio ou presse) utilise-t-on ces mots ?

téléspectateur, journal, quotidien, auditeur, téléviseur, poste, magazine, revue, écoute, hebdomadaire, titre.

2 *Oui / Non ? Réagissez !*

a. Les Français sont des gens très bien informés...

b. Passer chaque jour 3 heures 30 devant son poste de télévision, c'est beaucoup !

c. Moi, quand j'écoute la radio, je fais autre chose en même temps. C'est bien !

d. Avec la télévision, tout le monde apprend les mêmes nouvelles au même moment... C'est intéressant !

e. Les nouvelles politiques intéressent beaucoup les gens...

f. L'information va faire encore des progrès : est-ce que c'est sûr ? Est-ce bon pour les gens et leur pays ?

3 *Combien de temps... ? Combien de fois... ?*

*Combien de **temps** les Français regardent la télévision ? une heure, deux heures... par jour ? longtemps ? de temps en temps ? tout le temps ?*

→ **temps** *indique une durée.*

*Combien de **fois** (par semaine) les Français lisent-ils un quotidien ? une fois, deux fois par semaine ? quelquefois ? parfois ?*

→ **fois** *indique la répétition, la fréquence.*

Utilisez ces expressions dans des questions / réponses. Faites l'exercice à deux.

4 *Tous les..., chaque ..., une fois par...*

*Le Monde est un journal quotidien : il paraît **chaque** jour / il paraît **tous** les jours.*

Complétez.

V.S.D. (Vendredi. Samedi. Dimanche) est un journal hebdomadaire : il paraît ... semaine ; ... les semaines, une fois par semaine.
Le Point est un magazine hebdomadaire : ...
Marie-Claire est un magazine mensuel : ...
Au lycée, le carnet de notes est trimestriel (trois mois) : on le donne...
À l'école, il y a une fête annuelle (an) : elle a lieu...

5 *On ou Ont ?*

*94 % des familles françaises **ont** un poste de télévision.*
*Demain, **on** aura un autre problème.*

Ont peut être remplacé par le verbe *avoir* à un autre temps : avaient, auront... etc.
On peut être remplacé par un nom ou un pronom : les Français, les gens, Paul, nous...

Complétez.

Les Français ... de la chance : ils sont bien informés ! Vous croyez ? Ils ... la possibilité d'être bien informés. Mais le sont-ils vraiment ? ... peut en douter. ... cherche à se distraire ; ... regarde surtout les films et les émissions de variétés. Les gens ... tort : il faut mieux choisir ses programmes.

POUR PRATIQUER LA GRAMMAIRE

L'imparfait de l'indicatif : formation

L'imparfait de l'indicatif se forme avec le radical de la première personne du présent de l'indicatif et les terminaisons **-ais, -ais, -ait, -ions, -iez, -aient.**

Infinitif		aimer	finir	faire	avoir
Présent	nous	aim-ons	finiss-ons	fais-ons	av-ons
Imparfait	je, j' tu il, elle, on nous vous ils, elles	aim-ais aim-ais aim-ait aim-ions aim-iez aim-aient	finiss-ais finiss-ais finiss-ait finiss-ions finiss-iez finiss-aient	fais-ais fais-ais fais-ait fais-ions fais-iez fais-aient	av-ais av-ais av-ait av-ions av-iez av-aient

Remarque : Le verbe _être_ est une exception : nous sommes, **mais** j'étais, tu étais, il était, etc.

6 **_Quand tu étais jeune... Faites l'exercice à trois._**

Exemple : toi, jouer au tennis → Quand tu étais jeune, est-ce que tu jouais au tennis ?
Oui, je jouais au tennis. ou _Non, je ne jouais pas..._
vous, avoir la télévision – ils, lire le français – toi, écouter la radio – les enfants, acheter des revues – elles, aller en vacances – vous, sortir le soir.

L'imparfait de l'indicatif : emploi

L'imparfait place une action dans le passé ; il n'indique ni le début ni la fin de cette action.

Autrefois, on ne **regardait** pas la télé.	Avant, on n'**allait** pas en vacances.

Remarques : 1.   PASSÉ   PRÉSENT   FUTUR

Imparfait

2. L'imparfait peut indiquer l'habitude, la répétition.

7 **_Autrefois... Vous aviez dix ans... Faites l'exercice à deux : un étudiant pose les questions, un autre répond._**

Où habitiez-vous ? – À quelle école alliez-vous ? – Est-ce que vous travailliez bien ? – Aimiez-vous les dessins animés ? – Est-ce qu'on vous donnait de l'argent ? – Lisiez-vous un journal pour enfants ? – Faisiez-vous du sport ?

L'imparfait et le passé composé : emploi

Le passé composé place une action dans le passé ; il indique une action terminée.

La semaine dernière, il **est allé** voir le film qui passait au Rex.

PASSÉ   PRÉSENT   FUTUR

Imparfait

Passé composé

8 *Qu'est-ce que vous avez vu ? Faites des phrases.*

Exemple : moi, des gens se promènent → Moi, j'ai vu des gens qui se promenaient.

nous, des touristes prennent des photos — toi, Édith et sa cousine pique-niquent — mon oncle, un enfant traverse la rue — vous, une auto s'arrête devant la maison — les enfants, le docteur va chez le voisin — moi, une émission m'intéresse.

Les verbes lire et écrire

Indicatif présent

S I N G U L I E R	1	Je **lis** le journal.	Nous **lisons** une lettre.	1	P L U R I E L
	2	Tu **lis** cette revue ?	Vous **lisez** ce roman.	2	
	3	On Il **lit** un livre. Elle	Ils **lisent** un magazine. Elles	3	

S I N G U L I E R	1	J' **écris** à Cécile.	Nous **écrivons** un roman.	1	P L U R I E L
	2	Tu **écris** à Jean-Paul ?	Vous **écrivez** à votre tante ?	2	
	3	On Il **écrit** une lettre. Elle	Ils **écrivent** à leurs cousins. Elles	3	

passé composé lu

passé composé écrit

Passé composé : J'ai lu, tu as lu, etc. J'ai écrit, tu as écrit, etc.

Imparfait : Je lisais, tu lisais, etc. J'écrivais, tu écrivais, etc.

Futur : Je lirai, tu liras, etc. J'écrirai, tu écriras, etc.

9 *Lire et écrire... Faites l'exercice à deux.*

Est-ce que vous lisez beaucoup ? — Est-ce que vous lisez un journal quotidien ? — Quelles pages lisez-vous : informations politiques, spectacles ? — Y a-t-il des revues et des livres français à la bibliothèque de votre école ? Les lisez-vous ? Aimez-vous écrire ? À qui écrivez-vous ? Quand écrivez-vous ?

POUR BIEN PRONONCER

Les sons [e] / [ø] / [o]

Je ne veux pas regarder la télé, je veux écouter la radio !

10 *Écoutez ; répétez.*

À la télé, mes deux émissions préférées sont le journal télévisé et les variétés du jeudi. — Un peu de silence ! Je veux écouter la météo à la télé ! — Ils se sont mariés, ils sont heureux et ils ont beaucoup d'enfants. — Les Rivot ont retrouvé deux vieux amis ; ils ont leur numéro de téléphone. — C'est un drôle de numéro, avec beaucoup de deux. Quelque chose comme 22-32-22-42.

Écoutez une deuxième fois et écrivez.

Lire, écouter, voir

11 *Quel journal lisez-vous ?*
Comparez sa « une » à celle
d'Ouest-France.

Les journaux les plus lus en France.

Les quotidiens	
Ouest-France	721 000
Le Figaro	432 000
Le Monde	370 000
Le Parisien Libéré	358 000
France-Soir	335 000

Les chiffres indiquent les tirages.

Les hebdomadaires	
Paris-Match	5 166 000
L'Express	2 369 000
VSD	2 273 000
Le Point	2 119 000
Le Nouvel Observateur	1 951 000

Les chiffres indiquent le nombre de lecteurs.

(Une d'Ouest-France)

	Le Figaro	Le Monde	Le Parisien	France-Soir
Faits divers	10,0 %	3,0 %	27,0 %	25,7 %
Actualité internationale	10,0 %	12,8 %	0 %	1,2 %
Politique intérieure	8,8 %	6,4 %	2,4 %	3,0 %
Économie	9,5 %	12,9 %	1,7 %	2,9 %
Sports	8,2 %	1,8 %	17,1 %	14,8 %
Radio-TV	8,2 %	2,8 %	16,4 %	9,4 %

Explorer le journal, Profil formation, Hatier.

Quelle surface occupent les différentes rubriques de votre journal ?

12 *Comparez la place des différentes rubriques de ces journaux.*

13 Qu'est-ce qu'on regarde ce soir ?

Voici les programmes de cinq chaînes françaises. Choisissez d'abord individuellement, puis en groupe, votre programme pour la soirée.

Il n'y a qu'un poste pour toute la classe...

Essayez de vous mettre tous d'accord !

Mercredi

TF 1	
20.30	VARIÉTÉS

SACRÉE SOIRÉE

Proposé et présenté par Jean-Pierre Foucault. Invités vedettes : Michel Boujenah et Patrick Juvet. Avec Loop the Loop, Jairo et Sapho.

22.15	MAGAZINE

DESTINS

Proposé et présenté par Frédéric Mitterrand et Patrick Jeudy. Ce soir : « Elisabeth d'Angleterre ».

A2	
20.30	TÉLÉFILM

DANS DES GRIFFES DE SOIE

De Jerrold Freedman. Avec Mel Ferrer, Cybill Sheperd, Gregory Harrison.

FR3		
20.35	★★	OPÉRA

DON GIOVANNI

Opéra bouffe en deux actes de Mozart, dirigé par Herbert von Karajan. Avec Samuel Ramey, Anna Tomowa Sintow.

CANAL +	
17.40	SPORTS

FOOTBALL

Matches en direct (sous réserves) : Bordeaux/Lillestroem ● 20.10 ● Bayer Leverkussen/Toulouse ● 22.25 Porto/Real Madrid.

LA CINQ	
20.30	VARIÉTÉS

COLLARICOCOSHOW

Avec Annie Cordy, Indochine, Blues Trottoir, Jean Shulteis, le professeur Choron et Los Carayos.

Pour vous aider :

- les variétés
- les hits-parades
- les dessins animés
- les jeux
- les débats
- les magazines
- les films, les téléfilms
- les événements sportifs
- les feuilletons
  et les séries
- les émissions politiques
- les documentaires
- les informations

14 Lisez-vous beaucoup ? Qu'est-ce que vous aimez lire ? Interrogez vos voisins sur leurs lectures.

Nous avons beaucoup aimé...

Pour vous aider :

- les romans, les poèmes
- les récits historiques
- les mémoires
- les romans policiers, de science-fiction
- les livres sur la santé
- les documents, les livres politiques
- les bandes dessinées
- les essais, les livres de philosophie, de sciences humaines
- les livres scientifiques ou techniques
- les livres d'art, les livres religieux
- les encyclopédies

LA NUIT SACRÉE
Tahar Ben Jelloun
Prix Goncourt, 1987

L'histoire : la suite allégorique de la vie de la fillette que son père, à sa naissance, avait déclarée fils, tant il était déshonorant pour lui de n'avoir engendré que des filles. Emmurée dans ce mensonge, elle était devenue Ahmed, l'« enfant de sable », dans un récit inoubliable.

Ce qu'il faut en dire : que cette suite à un roman peut se lire sans connaître ce qui a précédé. Ben Jelloun l'a écrite comme une longue mélopée brûlante, un poème d'amour exorciste. Un récit plein de sauvagerie et de beauté à l'état brut (ô combien contrôlées et travaillées !), sans jamais aucun maniérisme ni aucun folklore. Le vent des mots s'enfle et se gonfle, et, lourd de malédictions, d'amour pourtant, il vous étreint, vous crie l'indicible de cette femme interdite d'amour.

Avec l'aimable autorisation du journal *Le Figaro*, © *Le Figaro*, 1987.

AU REVOIR LES ENFANTS
de Louis Malle

À partir de souvenirs du cinéaste, une merveilleuse histoire d'amitié enfantine dans un collège religieux pendant la dernière guerre. Ce chef-d'œuvre d'émotion et de sensibilité, servi par de jeunes comédiens stupéfiants de naturel, a obtenu le lion d'or du festival de Venise.

15 À votre tour, présentez et critiquez un roman ou un film.

LEÇON 25

- ■ *Exprimer ses sentiments.*
- ■ *Donner son opinion, la justifier.*
- ▶ *Les pronoms relatifs qui et que.*
- ▶ *Le pronom y.*
- ▶ *Le verbe voir au présent, au passé composé et au futur.*
- ▶ *Les sons* [f] / [v].
- ● *La ville est un carrefour.*

APPRENEZ

par cœur

le verbe voir au présent, au passé composé et au futur.

Pour l'exercice 3, relisez le dialogue de la page 54.

---

expressions et mots nouveaux

Arranger (s'), v.	Feu, n. m.	Pollution, n. f.
Arrêter (s'), v.	Gardien, n. m.	Possibilité, n. f.
Bruit, n. m.	Habitant, n. m.	Propre, adj.
Carrefour, n. m.	Insécurité, n. f.	Propriétaire, n. m.
Centre ville, n. m.	Installer (s'), v.	Retraité(e), n.
Cet(te) ...ci, adj. dém.	Journal, n. m.	Route, n. f.
Chaque, adj. indéf.	Lent(e), adj.	Sale, adj.
Chauffeur, n. m.	Lumière, n. f.	Saleté, n. f.
Circulation, n. f.	Mariage, n. m.	Solitude, n. f.
Client, n. m.	Mouvement, n. m.	Solution, n. f.
Commerçant, n. m.	Moyen, n. m.	Sourire, v.
Davantage, adv.	Mur, n. m.	Square, n. m.
Devenir, v.	Neuf(ve), adj.	Traverser, v.
Embouteillage, n. m.	Pareil(le), adj.	Trottoir, n. m.
Ensemble, n. m.	Plaisant(e), adj.	Vitesse, n. f.
Environnement, n. m.	Pollué(e), adj.	Y, pron. pers. et adv.

---

1 ▪ *Exercice de substitution. Refaites des phrases.*

Exemple : Je vois quelqu'un mais je ne sais pas qui c'est. (vous)
→ *Vous voyez quelqu'un mais vous ne savez pas qui c'est.*

Henri – nous – la vieille dame – elles.

Exemple : Moi, je vais à la bibliothèque. Et toi, est-ce que tu y vas ? (vous)
→ *Moi, je vais à la bibliothèque. Et vous, est-ce que vous y allez ?*

eux – tes amis – Nadine – ton camarade.

2 ▪ *Observez puis faites des phrases sur ce modèle.*

Toutes les Françaises sont rousses ? Non ! Quelques-unes seulement !

les vins français, bons →   les exercices, faits →
les rues, sales →   les gens, optimistes →
les villes, polluées →   les appartements, confortables →

3 ▪ *Remplacez les mots soulignés par leur contraire et écrivez le texte.*

J'habite dans une <u>petite</u> ville <u>tranquille</u>. La vie y est <u>agréable</u>. Les rues, les trottoirs, les maisons... tout est <u>propre</u>. Je connais <u>tout le monde</u> et <u>tout le monde</u> me connaît. La solitude, <u>ce n'est pas</u> mon problème.

4 ▪ *La ville que vous habitez. Répondez par écrit.*

  a. Est-ce une grande ville, une petite ville ?
  b. Habitez-vous dans un grand ensemble, un grand immeuble, une maison ancienne, moderne ? dans un quartier neuf ? au centre ville ? en banlieue ?
  c. Votre ville est-elle agréable à habiter ? Pourquoi ?
  d. N'y a-t-il pas trop de circulation, de bruit, de pollution ?
  e. Connaissez-vous vos voisins ?
  f. Que faut-il faire, selon vous, pour rendre votre ville plus plaisante ?
  g. Peut-on aller à la campagne facilement ?
  h. Si vous déménagez un jour, où irez-vous vous installer ?

Instant Immersion
FRENCH PRO™

CS-142-9
VERSION 1.0

We included an AutoPlay facility on all programs. Once you insert the disc into your CD-ROM drive, the program will start automatically. Please follow the on-screen instruction to complete the installation.

Tell Me More® French:

If this is the first time you are using this program, you'll need to install the program using the Disc 1, TMM® installation disc. Once the installation is complete, it will create TELL ME MORE group in your Programs folders. In the TELL ME MORE group, you'll find Demonstration and Guided Tour icons. It is recommended that you to double click on these icons to take the tour of the program prior to using the lesson CD-ROMs. You'll also find Settings icon. This will allow you to turn off/on the speech recoginition, change the level of difficulties, and change the sound/video speed.

Insert either Beginner <Disc 2>, Intermediate <Disc 3>, or Advanced <Disc 4> CD-ROM into your CD-ROM drive and the program will start automatically. If not, please click on Start button on your screen, Programs, Tell Me More, and Tell Me More.

French Plus:

If this is the first time you are using this program, please complete the installation first. Once the installation is complete, it will create THE ROSETTA STONE™ group in your Programs folders.

To begin the lesson, insert the disc into your CD-ROM drive, and the program will launch automatically. Select the level and lesson to begin the lessons. You may move your mouse to bottom of the screen of the program and more options will appear: Quit, Login, Select A Lesson, Select An Activity, Return to Activity, Help, Settings. Please click on Question Mark for guide at any time.

If the program does not launch automatically when you insert the disc into your CD-ROM drive, please click on Start button, Programs, The Rosetta Stone and The Rosetta Stone V1.7.6.

French Vocabulary Builder:

This program runs directly from CD-ROM, no installation is required.

For Technical support on any of the CD-ROMs, please contact the appropriate party for an assistance:

Tell Me More®:	helpdesk@topics-ent.com
French Plus:	www.rosettastone.com or helpdesk@topics-ent.com
French Vocabulary Builder:	www.eurotalk@co.uk or helpdesk@topics-ent.com
French Audio CD:	helpdesk@topics-ent.com

Please visit www.topics-ent.com for more great titles from TOPICS Entertainment. © 2002 TOPICS Entertainment, Inc.

LEÇON 26

--- **expressions et mots nouveaux** ---

Actualité, *n. f.*
Annuel(le), *adj.*
Auditeur, *n. m.*
Autrefois, *adv.*
Bête, *adj.*
« Branché(e) », *adj.*
Câble, *n. m.*
Chaîne, *n. f.*
Cultiver (se), *v.*
Démocratisation, *n. f.*
Dessin animé, *n. m.*
Distraire (se), *v.*
Documentaire, *n. m.*
Douter, *v.*
Écoute, *n. f.*
Émission, *n. f.*

Énorme, *adj.*
Hebdomadaire, *adj.*
Image, *n. f.*
Information, *n. f.*
Informer, *v.*
Jeunesse, *n. f.*
Lecteur, *n. m.*
Magazine, *n. m.*
Mensuel(le), *adj.*
Météo(rologie), *n. f.*
Mieux, *adv.*
Moyen(ne), *adj.*
Ni, *adv. nég.*
Oiseau, *n. m.*
Page, *n. f.*
Parfois, *adv.*
Presse, *n. f.*

Quelquefois, *adv.*
Quotidien(ne), *adj.*
Revue, *n. f.*
Révolution, *n. f.*
Roman, *n. m.*
Rubrique, *n. f.*
Satellite, *n. m.*
Silence, *n. m.*
Son, *n. m.*
Télématique, *n. f.*
Téléspectateur, *n. m.*
Télévisé(e), *adj.*
Titre, *n. m.*
Trimestriel(le), *adj.*
Variétés, *n. f. pl.*
Véritable, *adj.*

■ *Interpréter des chiffres.*
■ *Évoquer le passé.*
■ *Anticiper.*

▶ *L'imparfait : formation et emploi.*
▶ *L'imparfait et le passé composé : emploi.*
▶ *Les verbes lire et écrire au présent, au passé composé, à l'imparfait et au futur.*
▶ *Les sons* [e] / [ø] / [o].

● *Lire, écouter, voir.*

---

1 **Exercice de substitution. Refaites des phrases.**

Exemple : Quand j'étais jeune, je n'avais pas mal aux jambes ! (tu)
→ *Quand tu étais jeune, tu n'avais pas mal aux jambes !*

Nadine – mes parents – vous – mon oncle – nous.

Exemple : Avant, elle aimait lire et elle lisait souvent ! (écouter la radio)
→ *Avant, elle aimait écouter la radio et elle l'écoutait souvent !*

faire du ski – écrire à Jean-Paul – tricoter des chaussettes – se promener – inviter des amis – aller au cinéma.

2 **Exercice de substitution. Refaites des phrases.**

Exemple : Ils n'avaient pas le son, ils n'avaient pas les images non plus. → *Ils n'avaient ni le son ni les images.*

Elle n'a pas la radio, elle n'a pas la télévision non plus. →
Il ne prend pas le métro, il ne prend pas sa voiture non plus. →
Je ne suis pas grande, je ne suis pas petite non plus. →

3 **Trouvez la phrase qui manque (question, réponse ou commentaire).**

- Tu regardes trop souvent la télévision !
- ....

- ....
- Mais... moi, je suis un vrai sportif !

- Vos grands-parents sont heureux d'avoir la télévision ?
- ....

- ....
- Vous savez... les gens sont bêtes !

APPRENEZ

par cœur

l'imparfait du verbe être, le présent, le passé composé, l'imparfait et le futur des verbes lire et écrire.

Pour l'exercice 4, relisez les pages 26 et 60 et l'emploi de l'imparfait et du passé composé, pages 62 et 63.

---

4 **Mettez les verbes à l'imparfait ou au passé composé.**

Autrefois, nos grands-parents (ne pas avoir) ni le son, ni les images. Ils (lire) très peu. La télévision (être) pour eux une véritable révolution.
Monsieur Michel (inviter) Jérôme Bréal qu'il (rencontrer) sur le quai de la gare. Jérôme Bréal est son ancien copain de lycée. Madame Michel (le connaître bien) : c'(être) son copain du lycée Louis Pasteur.

27

L'accueil à la ferme

... Depuis deux siècles, les Doucet vivent à Cadalen, un petit bourg entre Albi et Toulouse...

Autrefois, ils étaient de riches paysans. Avec ses quatre fils, Pierre Doucet, l'arrière-grand-père d'Hélène, cultivait plus de cinquante hectares de bonne terre... Vergers et vignes donnaient des fruits et du vin. Dans les écuries, les étables, les bergeries, on comptait les animaux par centaines...

Et puis la guerre, l'inflation, les mauvaises affaires étaient venues pour la famille Doucet... L'un après l'autre, fils et petit-fils avaient dû quitter la ferme et partir pour la ville : la terre ne suffisait plus à faire vivre tout le monde...

Aujourd'hui, seuls restent à la ferme l'oncle et la tante d'Hélène et leurs deux enfants. François Doucet est un agriculteur moderne. Il travaille sa terre avec des machines agricoles perfectionnées. De nos jours, il faut produire beaucoup et à bon marché. La concurrence est très dure...

Aussi, pour augmenter un peu leurs revenus, les Doucet ont fait transformer en habitation deux vieilles granges qui ne servaient plus. L'été, pendant deux mois, ils louent ces logements à des familles...

C'est un grand succès... Du 14 juillet au 31 août, tout est loué d'avance ! À des touristes « verts », comme on dit, qui préfèrent passer leurs vacances à la ferme, pour retrouver, dans la vraie Nature, la qualité de la vie...

Les habitations sont-elles louées
À qui les habitations " "

1   _Posez les questions. François Doucet vous répond._   *approximately*

a. .... – Depuis deux siècles environ.
b. *On est situé Cadalen ?* – Entre Albi et Toulouse.   *cultivée les Doucet*
c. *Quelle superficie....* – Plus de cinquante hectares...
d. *On vivre ceux qui sont* – En ville, à Toulouse et à Paris. *partis ?*
e. .... – Deux vieilles granges qui ne servaient plus.
f. *Sont-ils font louée* – Du 14 juillet au 31 août... *avance*
g. .... – À des touristes « verts ».

Pourquoi ils les transforment ?
Est ce que vous cher à table...

2   _Où sont situés Cadalen ? Toulouse ? Albi ?_

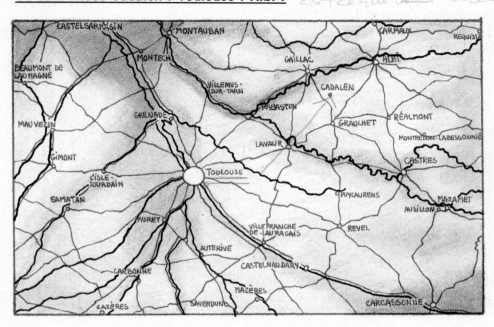

3   _Depuis..., il y a... que..., ça fait... que... Observez._

> *Depuis* deux siècles, les Doucet **vivent** à Cadalen.
> *Il y a* deux siècles **que** les Doucet **vivent** à Cadalen.
> *Ça fait* deux siècles **que** les Doucet **vivent** à Cadalen.

Since, – depuis
there is – il y a – que
ça fait – que

downtown

Transformez les phrases.

a. Il y a dix jours qu'Hélène est à la ferme.
b. Ça fait longtemps qu'Hélène n'est pas venue à la ferme.
c. Depuis deux ans, ils passent leurs vacances à la ferme.
d. Ça fait dix ans que François Doucet a un tracteur.
e. Il y a vingt ans qu'(ils) ils sont partis pour la ville.

Compétition

4   _Relisez le texte « L'accueil à la ferme ». Réagissez à ces affirmations._

a. L'arrière-grand-père d'Hélène vivait au début du XXe siècle.
b. Aujourd'hui, la terre fait vivre plus de monde qu'autrefois.
c. Les agriculteurs modernes sont les « industriels » de la terre... *C'est vrai !*
d. Moi, je préfère passer mes vacances à la ferme. Et vous ?
e. La qualité de la vie se trouve seulement dans la nature...
f. En juillet et en août, les agriculteurs sont en vacances...

POUR PRATIQUER LA GRAMMAIRE

Le plus-que-parfait : formation

Le plus-que-parfait se forme avec l'imparfait de l'auxiliaire (avoir ou être) et le participe passé du verbe conjugué.

> Les fils **avaient quitté** la ferme.   Les fils **étaient partis** pour la ville.

5 *Avant de partir, j'avais demandé le chemin.* *[I had asked]*

a. Remplacez *demander le chemin* **par :** *[j'étais allé]*

[j'avais fait] faire les valises – préparer le pique-nique – acheter des fruits – aller à la banque.

b. Remplacez *je* **par :** *[j'avais préparé]*   *[j'avais acheté]*

     Hélène – nous – mes parents – vous – les touristes.

Le plus-que-parfait et l'imparfait : emploi

Le plus-que-parfait place une action dans le passé, avant ou en même temps que l'imparfait ; il indique une action terminée. *[had hunger she had not taken breakfast.]*

> Hélène **avait** faim, car elle n'**avait** pas **pris** de petit déjeuner.

Remarques : 1.

	PASSÉ	PRÉSENT	FUTUR
Plus-que-parfait **Imparfait**			

2.

	PASSÉ	PRÉSENT	FUTUR
Imparfait			
Plus-que-parfait			

Exemple : La terre ne suffisait plus ; les enfants avaient dû quitter la ferme.

6 *Pourquoi n'étaient-ils pas allés se promener ? Répondez.*

Exemple : Édith, fatiguée → *Édith n'était pas allée se promener, car elle était fatiguée.*

     mes petits cousins, trop jeunes – mes parents, malades – Sylvie, pas le temps – mon grand-père, se reposer – elles, faire trop chaud – Jean-Paul, ne pas pouvoir marcher.

Le plus-que-parfait et le passé composé : emploi

Le plus-que-parfait place une action dans le passé avant le passé composé ; les deux actions sont terminées.

> J'**ai promené** le petit Daniel qui **avait commencé** à marcher une semaine avant.

Remarque :

	PASSÉ	PRÉSENT	FUTUR
Plus-que-parfait **Passé composé**			

7 **_Un jour ... avant ... Faites des phrases._**

Exemple : Édith, se promener dans le jardin → Un jour, Édith s'est promenée dans le jardin ; avant, elle ne s'y était jamais promenée.

Hélène, visiter ce château – Jean-Paul, écrire à Nadine – nous, parler de ce musée – Nadine et Jean-Paul, se disputer – vos amis et les miens, se rencontrer – toi, sortir avec elle – moi, donner de mes nouvelles – eux, utiliser des machines – François et sa femme, louer un appartement.

8 **_Anna a été malade. À votre avis, pourquoi ?_**

Exemple : manger, trop → À mon avis, elle avait trop mangé.

Hier, Jacques a été malade. (boire, trop) – Hier, Françoise a été fatiguée. (marcher, beaucoup) – Toute la journée, Nadine a été gaie. (recevoir, lettre de Jean-Paul) – Ce soir, John et Pam ont été tristes. (se disputer)

Le verbe dire

Indicatif présent

S I N G U L I E R	1	Je	**dis** la vérité.	Nous **disons** à Édith d'écrire.	1	P L U R I E L
	2	Tu	**dis** bonjour ?	Vous **dites** à Sylvie de venir ?	2	
	3	On Il Elle	ne **dit** rien.	Ils Elles **disent** à Hélène de manger.	3	

Futur : Je dirai, tu diras, etc.

Imparfait : Je disais, tu disais, etc.

Passé composé : J'ai dit, tu as dit, etc.

Plus-que-parfait : J'avais dit, tu avais dit, etc.

Remarque : A noter : _dire à quelqu'un de_ + verbe à l'infinitif.

9 **_Conversation. Remplacez je par tu, puis par vous. Faites l'exercice à deux._**

Je dis toujours bonjour. – Mais tu le dis tout bas ! – Je dis quelquefois au revoir... – Ça, non, tu ne le dis jamais !

POUR BIEN PRONONCER

Les sons [ɥ] / [w]

François a sa nouvelle voiture depuis huit jours.

10 **_Écoutez ; répétez._**

Son voisin a loué le studio pour un mois. – Depuis le mois de juin, Louis produit beaucoup de fruits. – Il y a trop de bruit près du square Louis-Pasteur, surtout la nuit ; j'irai voir ailleurs. – Mon voisin de droite fait sa toilette ; il doit être huit heures. – Dans la boîte aux lettres, il y a une lettre de Douala. – Voici la situation du temps pour cette nuit. – Au mois de juillet, l'actualité est calme. – J'attends ma voiture depuis trois mois ; maintenant, je la veux tout de suite.

Écoutez une deuxième fois et écrivez.

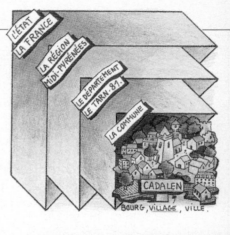

Ma région

11 *Regardez le dessin et la carte.*

Où se trouve Cadalen ? Situez-le avec le plus de précision possible.
Pouvez-vous situer aussi précisément un autre village ou une ville française que vous connaissez ?

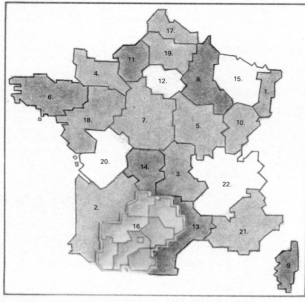

Chaîne de montage de l'Airbus à Toulouse.

1 Alsace ● 2 Aquitaine ● 3 Auvergne ● 4 Basse-Normandie ● 5 Bourgogne ● 6 Bretagne ● 7 Centre ● 8 Champagne-Ardenne ● 9 Corse ● 10 Franche-Comté ● 11 Haute-Normandie ● 12 Ile-de-France ● 13 Languedoc-Roussillon ● 14 Limousin ● 15 Lorraine ● 16 Midi-Pyrénées ● 17 Nord-Pas-de-Calais ● 18 Pays de la Loire ● 19 Picardie ● 20 Poitou-Charentes ● 21 Provence-Alpes-Côte d'Azur ● 22 Rhône-Alpes

MIDI-PYRÉNÉES	
Superficie	45 348 km²
Population (1982)	2 326 000 hab.
Densité	51 hab./km²
Population active	40,0 %
secteur primaire	15,9 %
secteur secondaire	30,0 %
secteur tertiaire	54,1 %
Taux de chômage (1985)	9,5 %

12 *Il y a huit départements dans la région Midi-Pyrénées. Combien y a-t-il de départements en France ?*

Lesquels connaissez-vous ? Avec l'aide des étudiants de votre classe, pouvez-vous en dresser la liste complète ?
Cherchez dans le dictionnaire les sens du mot « région ». Sont-ils les mêmes que chez vous ?

Production	maïs (1982)	tabac (1982)	bois (1981)	électricité (1982)	gaz naturel (1982)
France	10 400 000 t	52 000 t	28 500 000 m³	266 milliards de kWh	7,7 milliards m³
Midi-Pyrénées	13,5 %	15 %	6 %	4,4 %	0,5 %

13 *En groupe, présentez la région Midi-Pyrénées. Par écrit, faites-en la description.*

14 ***Votre région est-elle « naturelle » ? (déterminée par le climat ou le relief ?)***
Est-elle historique ? Est-elle administrative ? Est-elle culturelle ?
Présentez-la par écrit.

15 LE CAMPING À LA FERME
Vous installez votre tente ou votre caravane à proximité d'une ferme. Le terrain est aménagé pour l'accueil de 20 personnes (6 installations) et dispose d'un bloc sanitaire complet.

Le Comminges
GENOS (Alt. 500 m) *Carte B6*
Barbazan : 10 km – Toulouse : 104 km
6 emplacements. Situés sur une exploitation d'élevage d'ovins. Réfrigérateur, balançoires, aire de jeux, 6 branchements électriques, 1 WC, 1 douche, 2 lavabos, 1 bac à laver. Sur place, vente de produits fermiers.
LOISIRS : Promenades. À 2 km : tennis, plan d'eau, voile (St-Pé-d'Ardet). À 10 km : thermes (Barbazan). À 15 km : piscine (Montréjeau). À 25 km : station de ski du Mourtis.
M. et Mme BON A. Génos 31510 Barbazan. Tél. 61 79 68 83.

Répondez à l'une de ces deux annonces.
Vous écrivez ou vous téléphonez.

16 ***Lecture.***

Dans la ferme de mon père, à quelque chose près, on récoltait huit hectares en blé, huit en avoine, huit en fourrage et en betteraves. Il fallait un petit champ d'orge pour les deux ou trois cochons qu'on élevait par an. [...]
J'occupais deux chevaux à labourer. Avec le troisième, mon père allait à l'herbe ; il binait les betteraves, curait l'étable. Ma mère trayait les six ou sept vaches, s'occupait de la cuisine et de la lingerie. [...]
Nous voilà aujourd'hui.
J'ai soixante-neuf ans et je cultive cent soixante-dix hectares.
Tous les matins, je me lève à six heures. Mes compagnons viennent manger et je fais chauffer le café. La patronne se lève après, tout doucement. Pendant que mes ouvriers déjeunent, je prends seulement du café et on cause du boulot de la veille, d'où on en est, de ce qu'on va faire. Quand ils savent leur travail de la journée, je vais curer mes deux vaches.
Si j'ai encore deux vaches, c'est parce que je veux pas être cultivateur et aller au lait chez le voisin. Je peux pas lui dire : « J'ai plus de vache parce que ça me rapporte pas. » Pourquoi est-ce qu'il me vendrait du lait, alors ?

EPHRAÏM GRENADOU, ALAIN PRÉVOST, *Grenadou, paysan français*, Le Seuil.

LE GÎTE RURAL
Le plus souvent aménagé dans une demeure traditionnelle, le GÎTE RURAL est une maison ou un logement indépendant situé près d'une ferme ou d'un village. Vous pouvez le louer pour une ou plusieurs semaines ou pour un week-end. À votre arrivée, vous serez accueillis par les propriétaires.

Canton de Villefranche-de-Lauragais
MONTGAILLARD-LAURAGAIS « Château de Laffont »
(Alt. 250 m). *Carte 14*
Villefranche-de-Lauragais : 5 km – Toulouse : 34 km.
Château comportant 3 gîtes. Cour fermée et grand parc communs, situé à 400 m du village.
294 – 3 épis – 4 personnes – Animaux non admis.
Aménagé au R.-de-C. : salle à manger avec cheminée, cuisine, salon (2 × 90), WC indép., S.d.B., 1 chambre (1 × 140). Salon de jardin, lave-linge et barbecue communs. Chauffage mazout et électr. Possibilité 2 chambres suppl. à 300 F la chambre.
LOISIRS : promenades, sentiers. À 3,5 km : piscine, tennis, équitation, pêche (Villefranche). À 8 km : planche à voile, plan d'eau (Nailloux).
Mme DAVID-COURTOUT A. « Montgay »
31560 Nailloux. Tél. 61 81 31 62.

VAC. SCO. 925	B. SAISON 790	JUIN 925	JUILLET 1 455
AOÛT 1 455	SEPT. 925	1 W.-E.	4 W.-E.

17 LE GÎTE D'ENFANTS
Pendant les vacances scolaires, vos enfants sont accueillis au sein d'une famille agréée « Gîtes de France ». Ils partageront avec d'autres enfants la vie à la campagne et profiteront de loisirs au grand air. S'il y a plus de 6 enfants, la famille d'accueil est aidée par un animateur ; le nombre d'enfants est limité à 11.

LA CHAMBRE (ET LA TABLE) d'HÔTES
Pour une ou plusieurs nuits, vous êtes accueillis par une famille qui vous propose dans un cadre reposant le coucher, le petit déjeuner et parfois le repas à la TABLE D'HÔTES. Les CHAMBRES D'HÔTES, toujours accueillantes, sont équipées au minimum d'un lavabo et parfois de douche et wc particuliers. Elles sont limitées à 5 chambres par famille d'accueil.

Vous pouvez accueillir des enfants français ou une famille française pour une ou plusieurs nuits. Qu'est-ce que vous proposez ?

28

Parfaites !

- Après quarante ans de mariage, elle me trouve toujours beau et intelligent...
- Et elle rit encore à mes plaisanteries.
- Elle invite quelquefois à dîner mes vieux amis d'enfance, Pierre et Henri.
- Nous regardons ensemble les matchs de football et de rugby à la télévision.
- Elle ne parle pas trop souvent de la nouvelle voiture de nos bons amis Vallier.
- Elle se souvient de la date de mon anniversaire... et ne m'offre pas tous les ans la même cravate bleu marine.
- Elle est élégante, s'habille avec goût et ne répète pas chaque jour : « Vraiment, je n'ai plus rien à me mettre ! »
- Elle ne prend pas de trop grosses valises quand nous allons passer deux jours chez ma mère à la campagne.
- Elle est ponctuelle : elle n'est jamais plus d'une demi-heure en retard...
- ...

- Elle ne manquait jamais son autobus.
- Ses enfants n'étaient jamais malades, et son vieil oncle n'est mort qu'une seule fois.
- Elle téléphonait rarement du bureau à son mari.
- Elle aimait beaucoup le café... mais en buvait seulement trois tasses dans la matinée...
- Elle corrigeait mes fautes d'orthographe... et sans dictionnaire !
- Elle ne parlait à personne des petits problèmes quotidiens de mon service...
- Quand j'étais de mauvaise humeur, elle trouvait toujours un bon mot à dire ou une histoire drôle.
- Elle aimait bien mon chien et était gentille avec lui...
- À la fin du mois, elle ne parlait devant moi, ni d'inflation, ni de vie chère, ni d'augmentation de salaire.
- Elle ne m'a jamais parlé de Clark Gable...
- ...

POUR MIEUX COMPRENDRE

1 *Relisez les textes de la page de gauche. Dans le premier texte, de qui parle-t-on ?
Et dans le deuxième texte ?*

about whom

2 *Voici des noms de qualités et les adjectifs féminins qui correspondent à ces noms...*

À qui donnez-vous ces qualités ? À la femme du premier texte ? du deuxième texte ? aux deux ?

- l'honnêteté (honnête) *2nd*
- l'élégance (élégante) *1st*
- la ponctualité (ponctuelle)
- la compréhension (compréhensive)
- le sérieux (sérieuse)
- la bonté (bonne)

- la discrétion (discrète)
- la patience (patiente) *deus d'épouse*
- la gentillesse (gentille) *L'épouse*
- la gaieté (gaie) *1st*
- l'intelligence (intelligente)
- la compétence (compétente) *la deuxième*

3 *Ajoutez* mal, in, im *ou* ir *devant ces adjectifs pour avoir leur contraire.*

in direct – *im* poli – *in* variable – *ir* régulier – *mal* heureux – *im* possible – *in* connu – *ir* réel – *mal* adroit – *im* prudent – *in* certain – *mal* propre. *clumsy · not clean · avant b.p.m. – im*

Employez ces contraires dans des phrases.

4 *Relisez les textes de la page de gauche. Quelles phrases sont drôles (humoristiques) ? Pourquoi ?*

Quelles phrases sont ironiques ? (Pour plaisanter, on dit le contraire de ce qu'on veut exprimer.)

Exemples : Elle corrigeait mes fautes d'orthographe... et sans dictionnaire ! (phrase humoristique).
Après quarante ans de mariage, elle me trouve toujours beau et intelligent (phrase ironique).

5 *Quels défauts ont les deux hommes ?*

POUR PRATIQUER LA GRAMMAIRE

L'accord de l'adjectif : rappel et synthèse

L'adjectif s'accorde en genre et en nombre avec le ou les noms qu'il complète.

> un homme élégant / une femme élégante – des hommes élégants / des femmes élégantes

Le féminin de l'adjectif qualificatif

RÈGLE GÉNÉRALE : un **-e** apparaît à l'écrit, à la fin de l'adjectif.

a. pas de changement dans l'écriture ni dans la prononciation

> agréable – riche

b. pas de changement dans la prononciation

> joli / jolie – dur / dure – frisé / frisée – cher / chère – mensuel / mensuelle

Remarque : Quand on entend [ɛ] dans la dernière syllabe, au masculin, on met un accent : cher / chère, ou une consonne double : mensuel / mensue**lle**. _annuel / annuelle_ _semestriel / semestrielle_

c. changement dans la prononciation

- la consonne finale muette se prononce ; l'orthographe de la consonne ne change pas :

> petit / petite – grand / grande

- la consonne finale muette se prononce ; l'orthographe de la consonne change :

> gros / grosse – gentil / gentille – long / longue – frais / fraîche – doux / douce
> blanc / blanche – heureux / heureuse – discret / discrète – violet / violette

Remarques : 1. On a souvent une consonne double : gro**ss**e, genti**ll**e.
2. Dernière syllabe avec [ɛ] ; on a un accent : discr**è**te ou une consonne double : vio-le**tt**e.

- la consonne finale se prononce différemment : sportif / sportive

- la voyelle de la dernière syllabe change : étranger / étrangère – travailleur / travailleuse

- la dernière consonne écrite est un -_n_ :

> américain / américaine – brun / brune – ancien / ancienne – bon / bonne

Trinidadien _trinidadienne_

Le pluriel de l'adjectif qualificatif

L'adjectif est au masculin	règle générale	→ **-s**	vert / vert**s**
	terminaison -s ou -x	→ pas de changement	gri**s**
	terminaison en -al	→ **aux**	général / génér**aux**
L'adjectif est au féminin	règle générale	→ **-s**	bonne / bonne**s**

6 _Mettez l'adjectif au féminin et prononcez-le._

blond – vert – content – différent – étranger – excellent – grand – lent – long.

7 *Votre collègue de bureau... Comment la trouvez-vous ?*

Exemple : élégant → Je la trouve très élégante. ou *Je ne la trouve pas assez élégante.*

intelligent – optimiste – triste – beau – travailleur – gros – amusant – intéressant – gentil – dynamique – lent – vieux.

Refaites cet exercice au pluriel (vos collègues de bureau...) et écrivez les adjectifs.

8 *Des gens et des personnes... Mettez les adjectifs au féminin. Faites l'exercice à trois.*

Exemple : Aimez-vous les gens ponctuels ? Oui, j'aime les personnes ponctuelles. ou *Non, je n'aime pas les personnes ponctuelles.*

(les gens) drôles – discrets – originaux – organisés – agressifs – actifs – méthodiques – égoïstes – sérieux – sentimentaux – malhonnêtes – curieux.

9 *Qualités et défauts. Complétez avec le bon adjectif.*

Cécile s'habille avec beaucoup de goût ; elle est ... . – Elle ne parle pas des problèmes de son service ; elle est ... . – « Tout va très bien », dit Sylvie ; elle est ... . – Josette fait du tennis et de la natation ; elle est ... . – La petite fille attend le feu vert pour traverser ; elle est ... . – Françoise regarde partout ; elle est ... .

Les adverbes de manière en -ment

Il parle d'une manière calme.	→	Il parle **calmement**.
Il parle d'une manière sérieuse.	→	Il parle **sérieusement**.

Remarques : 1. Le féminin de l'adjectif qualificatif + **-ment** donne l'adverbe de manière.
2. L'adjectif en *-ent* donne **-emment** : patient → patiemment.
L'adjectif en *-ant* donne **-amment** : élégant → élégamment.
3. Vrai → vraiment ; gentil → gentiment.

10 *Quand on est gai... Faites des phrases.*

Exemple : Quand on est vraiment gai, on fait tout gaiement.

triste – calme – énergique – intelligent – propre – ponctuel – gentil – patient.

POUR BIEN PRONONCER

Les sons [i] / [j]

En juillet, une de mes vieilles clientes est partie voir sa fille à Albi.

11 *Écoutez ; répétez.*

 Ma famille vit et travaille depuis des siècles à Albi. – Nous regardions les émissions de variétés à la télévision. – Mon mari me parle des petits problèmes de son service. – Télévision, télématique, satellites, est-ce la démocratisation de l'information ? – La vie en ville est difficile ; ma fille y travaille depuis juillet ; elle n'aime ni le bruit ni les embouteillages. – La vitesse moyenne est de huit à dix kilomètres à l'heure ; quelle situation ! – Nous n'avions pas de dictionnaire ; j'en ai acheté un ; il y a beaucoup d'informations. – Nous ne pouvions pas aller au mariage avec le chien !

Écoutez une deuxième fois et écrivez.

Femme, épouse et secrétaire

Il y a mariage...

12 _**Et chez vous ? Racontez.**_

13 _**Faites la liste détaillée des cadeaux de mariage que vous souhaiteriez recevoir.**_

DES IDÉES PAR MILLIERS

Imaginez : tout ce dont vous rêvez. À la Boutique Mariage, vous pourrez choisir vos cadeaux parmi tous les rayons Samaritaine. Orfèvrerie, vaisselle, verrerie, linge de table et de maison, ameublement, cadeaux utiles et agréables... tout ce qui vous tente. Des hôtesses sont là pour vous accueillir, vous conseiller, vous guider dans votre choix et pour suivre votre liste.

... et mariage

14 _**Choisissez une annonce et interrogez vos voisins.**_
**Qui écrit ? Quel âge a-t-il ? Quelle est sa profession ?**

Médecin, 40 ans, bel homme, brun, yeux bleus, calme, élégant, très sportif, amateur d'art, souh. mar. avec femme-femme, sachant et aimant recevoir.

Rédacteur en chef, 36 ans, bien physiquement, allure sportive, sensuel et sensible, souh. fonder vrai foyer avec femme douce, tendre et intelligente.

Agriculteur, divorcé, 52 ans, cherche dame, veuve ou célibataire, vue mariage, yeux bleus, femme au foyer, aimant campagne.

Chef d'entreprise, 47 a, brun, racé, aimant la vie, sportif (voile, tennis) souh. vie à deux avec fme volontaire, sensible, intelligente.

Commerçant, 44 a, grand, mince, très distingué, sens du dialogue, aime voyager, souh. rencontrer fme douce, rieuse, raffinée.

Fonctionnaire, 40 a, célib. désire renc. JF mince, aimant la nature et les animaux, sensuelle, sens de l'humour.

Quelles qualités ces Français cherchent-ils chez une femme ?
Et vous, quelles qualités appréciez-vous chez une femme ? (chez un homme ?) Chez votre femme ? (chez votre mari ?).

15 *Choisissez une annonce et interrogez vos voisins.*

Pour ces patrons français, quelles sont les premières qualités des secrétaires et des dactylos ?

- Vous êtes patron. Quelles qualités attendez-vous d'une secrétaire ?
- Vous êtes secrétaire. Quelles sont vos plus grandes qualités ? Quelles qualités appréciez-vous chez vos collègues ? Chez votre patron ?

Dactylos

Sté SEMIE
implantée sur Bagneux
recherche
J. DACTYLO
très bonne
en orthographe
Libre de suite.
Tél. 46.57.00.00, p. 101

Secrétaires Sténo-dactylos

SECRÉTAIRE
TRAITEMENT TEXTE
Sténos française et anglaise parfaites. Poste stable, bon sal., moins 35 ans.

Import. assoc. Paris-13e
SECRÉTAIRE
DACTYLO
(trait. de texte, saisie)
Poste à pourvoir
immédiat.
Envoyer lettre
+ C.V. + prétent.

Cabinet d'expertise
comptable
recherche
SECRÉTAIRE
notions comptables
Envoyer C.V.
et prétentions

SECRÉTAIRE-
COMPT.
min. 25 ans,
avec expér. garage

POSTE FIXE
SECRÉTAIRE TTX
Juridique. Expérimentée
ALPHA ETT
45.26.00.00

Association
de formation
rech. pr contrat d'un an
libres rapidement
DACTYLO
TEMPS PARTIEL
Expérience traitement
texte
organisée et rigoureuse

Groupe important
recherche
SECRÉTAIRE
COMMERCIALE
BTS + expérience
souhaitée.
Elle assistera
2 représentants com.
pour l'administration
des ventes.
Adresser
C.V. + lettre manuscrite
à Mme Ledoux
45-47, av. de la Gare
92000 NANTERRE

SECRÉTAIRES
TOUS NIVEAUX
+ TOUTES
QUALIFICATIONS
43.38.00.00 ETT

SECRÉTAIRE
connais. import.
notion anglais
ATOM ETT
47.88.00.00

---

16 *Lecture.*

— Allô, c'est toi ? C'est Lolotte. Tu sais, avec Patrice ça va pas du tout.
— Qu'est-ce que tu lui as encore fait ?
— Mais rien. Absolument rien. [...]

— Allô, papa ?
— Qui est là ?
— Moi, voyons, papa... Lolotte. Qui veux-tu que ce soit ?
— Pourquoi m'appelles-tu ?
— Mais, mon chéri, pour rien, pour te dire bonjour, pour... [...]

— Allô, JJ ! C'est moi, c'est Lolotte.
— Oui, qu'est-ce qu'il y a ?
— Écoute, je regrette pour tout à l'heure. J'aime pas qu'on se parle mal, qu'on se quitte mal, qu'on soit brouillés. [...]

— Allô ! Roger ? C'est Lolotte. Micheline est là ? Il paraît qu'il faut que je la rappelle.
— Je te la passe. Ça va ? Patrice aussi ? [...]

Claude SARRAUTE, *Allô Lolotte, c'est Coco*, Flammarion.

Pour travailler à la maison

- ■ *Raconter au passé et au présent.*
- ■ *Comparer deux époques.*
- ▶ *Le plus-que-parfait : formation.*
- ▶ *Le plus-que-parfait et l'imparfait : emploi.*
- ▶ *Le plus-que-parfait et le passé composé : emploi.*
- ▶ *Le verbe dire.*
- ▶ *Les sons* [ɥ] / [w].
- ● *Ma région.*

APPRENEZ

par cœur

le présent, le futur, l'imparfait, le passé composé et le plus-que-parfait des verbes dire et vivre.

Pour les exercices 3 et 4, relisez les pages 70 et 71.

---

expressions et mots nouveaux

Accueil, *n. m.*
Accueillant(e), *adj.*
Agriculteur, *n. m.*
Aménager, *v.*
Animal, *n. m.*
Arbre, *n. m.*
Arrière-grand-père, *n. m.*
Au revoir, *loc.*
Avance (d'), *loc. adv.*
Bas, *adv.*
Bergerie, *n. f.*
Bourg, *n. m.*
Centaine, *n. f.*
Château, *n. m.*
Chemin, *n. m.*
Concurrence, *n. f.*
Cultiver, *v.*

De nos jours, *loc. adv.*
Département, *n. m.*
Disputer (se), *v.*
Écurie, *n. f.*
Élever, *v.*
Étable, *n. f.*
Grange, *n. f.*
Guerre, *n. f.*
Habitation, *n. f.*
Hectare, *n. m.*
Industriel, *n. m.*
Inflation, *n. f.*
Itinéraire, *n. m.*
Machine, *n. f.*
Paysan, *n. m.*
Perfectionné(e), *adj.*
Petit-fils, *n. m.*

Produire, *v.*
Région, *n. f.*
Retourner, *v.*
Revenu, *n. m.*
Riche, *adj.*
Servir, *v.*
Siècle, *n. m.*
Succès, *n. m.*
Suffir, *v.*
Terre, *n. f.*
Touriste, *n.*
Tout à coup, *loc. adv.*
Tracteur, *n. m.*
Transformer, *v.*
Utiliser, *v.*
Verger, *n. m.*
Vérité, *n. f.*
Vigne, *n. f.*
Village, *n. m.*

---

1 **Exercice de substitution. Refaites des phrases.**

*Exemple : Avant de partir, **nous** avions choisi l'itinéraire. (Nadine)*
*→ Avant de partir, **Nadine** avait choisi l'itinéraire.*

je – les touristes – vous – il.

*Exemple : **Elle** s'était perdue parce qu'**elle** ne connaissait pas la route. (Philippe) → **Philippe s'était perdu** parce qu'il ne **connaissait** pas la route.*

le chauffeur de taxi – tu – nous – vous.

*Exemple : Quand **nous** sommes arrivés, **Nadine** se reposait. (tu / je) → Quand **tu es arrivé(e)**, je me reposais.*

vous / les enfants – Jean-Paul / ses cousines – nous / les Doucet – le car / les touristes.

2 **Complétez.**

... trois ans, nous passons nos vacances chez les Doucet, à Cadalen. François Doucet a fait aménager deux vieilles granges qui ne servaient plus. ..., il loue ces logements à des familles. Les Doucet sont ... des amis. Ils nous invitent ... et nous passons avec eux d'agréables ... . François parle du ... (les Doucet vivent à Cadalen ... deux siècles) mais aussi de l'... .

3 **Plus-que-parfait et passé composé. Qu'avez-vous fait hier ? avant-hier ? dimanche dernier ?**
Faites des phrases sur le modèle suivant :

Hier, j'ai écouté la cassette que Paul avait enregistrée pour moi.

4 **Imparfait et plus-que-parfait. Terminez les phrases.**

Il m'embrassait, et quand il m'avait embrassé, je l'embrassais aussi.

a. Il souriait, et quand ...
b. Il me téléphonait, et quand ...
c. Elle m'écrivait, et quand ...
d. Ils m'invitaient, et quand ...
e. Je jouais du piano, et quand ...

Construisez d'autres phrases.

LEÇON 28

Pour travailler à la maison

expressions et mots nouveaux

Agressif(ve), *adj.*
Bleu marine, *adj. inv.*
Bon mot, *n. m.*
Calme, *adj.*
Collègue, *n.*
Compétent(e), *adj.*
Compréhensif(ve), *adj.*
Connu(e), *adj.*
Corriger, *v.*
Curieux(se), *adj.*
Dictionnaire, *n. m.*
Direct(e), *adj.*
Discret(ète), *adj.*
Doux(ce), *adj.*
Drôle, *adj.*
Dynamique, *adj.*
Égoïste, *adj.*
Énergique, *adj.*

Enfance, *n. f.*
Excellent(e), *adj.*
Faute, *n. f.*
Frais (fraîche), *adj.*
Général(e), *adj.*
Honnête, *adj.*
Humeur, *n. f.*
Humoristique, *adj.*
Ironique, *adj.*
Malhonnête, *adj.*
Méthodique, *adj.*
Organisé(e), *adj.*
Original(e), *adj.*
Orthographe, *n. f.*
Parfait(e), *adj.*
Patient(e), *adj.*
Plaisanterie, *n. f.*

Poli(e), *adj.*
Ponctuel(le), *adj.*
Possible, *adj.*
Prudent(e), *adj.*
Rarement, *adv.*
Réel(le), *adj.*
Régulier(ère), *adj.*
Réservé(e), *adj.*
Rire, *v.*
Salaire, *n. m.*
Sentimental(e), *adj.*
Soigner, *v.*
Souvenir (se) (de), *v. pron.*
Suffisant(e), *adj.*
Tasse, *n. f.*
Variable, *adj.*

■ *Parler d'une personne au présent et au passé.*
■ *Parler d'une personne avec humour et ironie.*
▶ *L'accord de l'adjectif : rappel et synthèse.*
▶ *Le féminin de l'adjectif qualificatif.*
▶ *Le pluriel de l'adjectif qualificatif.*
▶ *Les adverbes de manière en -ment.*
▶ *Les sons* [i] / [j].
● *Femme, épouse et secrétaire.*

1 *Exercice de substitution. Refaites des phrases.*

Exemple : Elle est sérieuse et compétente. (ma secrétaire)
→ *Ma secrétaire est sérieuse et compétente.*

Jean-Paul – les employés – vous – Nadine et Jean-Paul – tu – nous.

*Exemple : Josette n'est pas sportive : elle est trop paresseuse !
(Philippe)* → *Philippe n'est pas sportif : il est trop paresseux !*

mes filles – je – mon fils – tu.

Exemple : Quand on est gai, on fait tout gaiement ! (patient)
→ *Quand on est patient, on fait tout patiemment !*

sérieux – intelligent – honnête – discret.

2 *Adjectif ou adverbe ? Complétez.*

(*rapide* ou *rapidement ?*) Dans ce restaurant, le service est très ... . Les deux copains déjeuneront ... avant d'aller à la gare.
(*facile* ou *facilement ?*) Les maths étaient ... ? Irène travaille bien : elle aura son bac... !
(*sûr* ou *sûrement ?*) Cette année, nous irons ... en vacances à la mer. Ce quartier n'est pas très ... la nuit.
(*sérieux* ou *sérieusement ?*) C'est ..., Docteur ? Non, mais il faut vous soigner ... !
(*suffisant* ou *suffisamment ?*) Mon salaire n'est pas ... pour vivre. Je ne gagne pas ... .

3 *Qualités et défauts. Complétez les phrases avec des adjectifs.*

Thérèse travaille bien à l'I.U.T., elle ne dépense pas d'argent, elle n'a pas de copains. Elle est ..., ... et ... . Elle n'est pas comme son frère Serge ! Papa n'est pas très ... : dix jours de ski par an, c'est tout ! Sylvie voit la vie en rose, elle est ... ! Les Bréal font beaucoup de choses, ils sont très ... . Cette secrétaire ne parle à personne des problèmes du service. Elle est ... . Nadine s'habille avec beaucoup de goût, elle est ... .

APPRENEZ *par cœur*

le verbe rire au présent, au passé composé, à l'imparfait, au futur.

Pour l'exercice 1, relisez les pages 74 à 76.
Pour l'exercice 2, relisez les pages 74 à 77.
Pour l'exercice 3, relisez les pages 74 et 75.

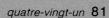

29 Le monde au féminin

MONSIEUR LÉON : Alors, c'est décidé Nadine ? Vous vous mariez ? Adieu la liberté...

NADINE : Pourquoi ? À Douala, je travaillerai et je gagnerai ma vie aussi bien que Jean-Paul... Nous partagerons tout et je serai aussi indépendante que lui.

MONSIEUR LÉON : Et les travaux ménagers : les courses, la cuisine, la vaisselle... Vous les partagerez aussi ?

NADINE : Bien sûr ! D'ailleurs, Jean-Paul est le plus gentil des hommes : il acceptera de m'aider... La règle des trois M : « Maison, Mère, Mari »... Le père, chef de famille, et la mère au foyer... Ça, c'est fini et bien fini !

MONSIEUR LÉON : Vous en êtes bien sûre ? Et qu'est-ce que vous ferez quand vous aurez des enfants ?

NADINE : Pardon ! Vous voulez dire qu'est-ce que **nous** ferons, Jean-Paul et moi. Eh bien ! Je resterai sans doute à la maison... un an ou deux... mais pas davantage. Vous savez, aujourd'hui, les jeunes pères se débrouillent mieux qu'autrefois. Ils sont très heureux de changer Bébé et très fiers de l'emmener prendre l'air au jardin public. À la maison, Jean-Paul travaillera autant que moi. Comme ça, je pourrai garder des responsabilités professionnelles.

pron. emmener

MONSIEUR LÉON : Oh ! le travail des femmes...

NADINE : Je sais, je sais... sur ce point-là, ce n'est pas encore tout à fait l'égalité entre les femmes et les hommes ! Mais nous avons fait des progrès... et nous avons maintenant presque autant de possibilités que les hommes d'être ministre, ingénieur, chef d'entreprise... ou même chef d'État ! Le « sexe fort », monsieur Léon, demain...

MONSIEUR LÉON : Alors quoi ? Tous du même sexe... pour le meilleur des mondes ?

NADINE : Attendez un peu ! Nous demandons l'égalité avec les hommes, mais nous voulons aussi rester femmes...

MONSIEUR LÉON : Ah bon !... J'aime mieux ça !

1   Jean-Paul est le plus gentil des hommes ! Faites des phrases.

Exemple : Jean-Paul (gentil) → Jean-Paul est gentil, il est plus gentil que monsieur Léon, c'est le plus gentil des hommes !

ma femme (discrète) – cette secrétaire (bonne) – Serge (paresseux) – Jérôme (dynamique) – Nadine (jolie).

2   Dans votre classe, ils (elles) ont tous (toutes) des qualités.

Qui est le (la) plus travailleur(euse) ?
→ C'est ... qui est le (la) plus travailleur(euse).

À vous. Faites l'exercice à deux.

ponctuel – drôle – patient – optimiste – inquiet – timide – élégant – sérieux.

3   La comparaison. Autant ... que.   *as much as*

*À la maison, Jean-Paul travaillera **autant que** moi.*

Faites des phrases comparatives en employant autant ... que.

a. Il gagne bien sa vie, mais moi aussi j'ai un bon salaire ! Je ...
b. J'aime les enfants, mais Jean-Paul ne les déteste pas ! Jean-Paul ...
c. Les hommes ont des possibilités, mais les femmes en ont aussi. Les femmes ...
d. Comme l'année dernière, cette année, nous aurons trois semaines de vacances. Cette année ...

4   Relisez le dialogue de la page de gauche et lisez l'exercice 5. Travaillez en groupe et réemployez ces expressions.

c'est bien décidé – ça, c'est fini et bien fini – se débrouiller – faire des progrès – prendre l'air – garder des responsabilités professionnelles.

5   Lecture ou dictée.

C'est bien décidé, Nadine va épouser Jean-Paul. Pour monsieur Léon, Nadine va perdre son indépendance et sa liberté. Pour lui, la femme doit rester à la maison et s'occuper du ménage, du mari et des enfants. Aujourd'hui, répond Nadine, les jeunes maris prennent part aux travaux ménagers, ils savent s'occuper des enfants. Ils sont plus débrouillards qu'autrefois ! Les femmes peuvent garder des responsabilités professionnelles. D'un monde fait pour les hommes, on passe peu à peu à un monde ouvert aux femmes... Oh ! il y a encore des progrès à faire... Il y a plus de femmes que d'hommes au chômage, et, à travail égal avec les hommes, les femmes sont souvent moins bien payées. Mais demain...

POUR PRATIQUER LA GRAMMAIRE

Le comparatif

a. avec les adjectifs et les adverbes

+	plus	adjectif adverbe	que	Pierre est **plus jeune que** Paul ; il lit **plus rapidement que** lui.
=	aussi			Pierre est **aussi jeune que** Paul ; il lit **aussi rapidement que** lui.
–	moins			Pierre est **moins jeune que** Paul ; il lit **moins rapidement que** lui.

Remarques : 1. Après _que_ (ou _qu'_), on emploie le pronom tonique : plus fort que **toi,** plus vite qu'**elle.**

2. Attention ! On ne dit pas ~~plus bon~~ mais **meilleur ;** on ne dit pas ~~plus bien~~ mais **mieux.**

b. avec les noms

+	plus de (d')	nom	que	Nadine gagne **plus d'argent que** Claire.
=	autant de (d')			Nadine gagne **autant d'argent que** Claire.
–	moins de (d')			Nadine gagne **moins d'argent que** Claire.

c. avec les verbes

+	verbe	plus	que	Il **mange plus que** moi.
=		autant		Il **mange autant que** moi.
–		moins		Il **mange moins que** moi.

6 _Comparez._

Exemple : le français, l'anglais, facile → Le français est plus facile que l'anglais. ou L'anglais est plus facile que le français.

les filles, les garçons, travailleurs – l'avion, le train, rapide – la santé, l'argent, important – le chien, le chat, gentil.

7 _Aujourd'hui et autrefois... Comparez._

Exemple : les gens, heureux → Aujourd'hui, les gens sont plus ou aussi ou moins heureux qu'autrefois.

le travail, dur – les salaires, élevés – les femmes, indépendantes – les transports, pratiques – les maisons, confortables – les voyages, faciles – les jeunes filles, libres – les hommes, égoïstes – la nourriture, bonne – les villes, sales – les gens, malades – la vie, agréable.

8 _C'est vrai ? C'est faux ? Répondez._

Exemple : Les femmes ont moins d'indépendance qu'autrefois. → C'est faux ! Elles en ont plus !

Les filles font autant de sport que les garçons. – Les enfants ont moins d'argent. – Il y a autant d'insécurité. – Les jeunes ont plus de liberté. – Il y a moins de crimes.

9 _Ils gagnent autant. Comparez._

Exemple : Paul gagne 12 000 F ; Nadine gagne 8 000 F. → Paul gagne plus que Nadine. ou Nadine gagne moins que Paul.

André boit deux verres de vin ; François boit un verre de vin. – Jean mange le plat du jour ; Jacques mange le plat du jour et un dessert. – Nadine dort huit heures ; Françoise dort huit heures.

Le superlatif relatif

a. avec les adjectifs

+	le	plus		(du,	C'est **le plus jeune de la** famille.
	la		adjectif	de la,	C'est **la moins jeune de la** famille.
–	les	moins		des)	Ce sont **les plus jeunes de la** famille.

Remarques : 1. Avec *bon*, on a : **le meilleur,** la meilleur**e**, les meilleur**(e)s**.
2. Le plus jeune **d'entre nous, vous, eux, elles.**

b. avec les adverbes

+		plus		C'est lui qui parle **le plus doucement**.
	le		adverbe	
–		moins		C'est lui qui parle **le moins rapidement**.

Remarque : Avec *bien* : on a **le mieux.**

c. avec les noms

+		plus de		C'est lui qui a **le plus de livres**.
	le		nom	
–		moins de		C'est elle qui a **le moins de bagages**.

d. avec les verbes

+		le plus	C'est lui qui **mange le plus**.
	verbe		
–		le moins	C'est lui qui **mange le moins**.

10 <u>*Le moins cher ? Posez les questions.*</u>

Exemple : restaurant, (–) cher → Quel est le restaurant le moins cher ?

hôtel, (+) confortable – voiture, (+) économique – vin, (+) bon – journaux, (+) intéressants – gens, (–) sympathiques – garçon, (+) sportif – fruits, (–) chers.

11 <u>*Pour moi... Complétez.*</u>

Exemple : le cours, intéressant → Pour moi, le cours le plus intéressant est le cours de français.

vin, bon – ville, sale – film, drôle – voiture, rapide – journal, bien informé – chose, difficile – profession, bonne – monument, beau – chef d'État, énergique.

Le superlatif absolu

Anna Scotto est **très** belle.

Remarque : On peut utiliser d'autres adverbes :
• *fort, tout, assez, trop, peu* avec les adjectifs et les adverbes ;
• *peu, pas mal, beaucoup, bien, assez, trop* avec les verbes.

POUR BIEN PRONONCER

Les sons [m] / [n] / [ɲ]

Nadine gagne autant d'argent que son mari.

12 <u>*Écoutez ; répétez.*</u>

 Nadine s'est mariée avec un ingénieur. – Ma fille est malade ; le docteur Châtaignier va venir. – Les ingénieurs ont fait des machines perfectionnées pour cultiver les vignes. – Jérôme travaille dans une multinationale. Une chaîne hôtelière ? Non, une compagnie d'import-export. – L'autre jour, nous déjeunions avec un ingénieur de la Compagnie Générale ; nous avions les mêmes opinions.

<u>*Écoutez une deuxième fois et écrivez.*</u>

Masculin-féminin

job

13 *Dans les petites annonces des pages 30, 36 et 79, relevez les métiers féminins et les métiers masculins. Y a-t-il toujours un correspondant féminin aux métiers masculins ? Pourquoi ?*

14 *Dans votre pays, y a-t-il une femme reine ou chef d'État ? des femmes ministres ? diplomates ? magistrats ? parlementaires ? universitaires ? directrices de syndicat ?* union leader

Par écrit, faites leur portrait. quelques unes

Elles ont été les premières...

1980 1er arbitre de rugby, Arlette Bouvier. 1er capitaine des sapeurs-pompiers, Micheline Colin, médecin. 1re élue à l'Acad. fr., Marguerite Yourcenar. **1981** 1er procureur général près d'une cour d'appel, Nicole Pradain. 1er préfet : Yvette Chassagne (n. 28-3-1922). **1982** 1re conductrice de métro à Paris : Yvonne Brucker. **1983** 1re femme officier embarquée sur un bâtiment de guerre de la marine nationale, le porte-hélicoptères « Jeanne d'Arc », Dominique Roux (33 ans). 1re admission au Prytanée militaire de La Flèche, Sandrine Mathieu (16 ans). 12-12, 1re femme 1er président de la Cour de cassation, Simone Rozès (n. 29-3-1920), 2 femmes admises à Saint-Cyr. **1984** 1re femme admise au Cadre Noir, Florence Labran (30 ans). (1-4) 1re femme gagnant une course à tiercé, Darie Boutboul. **1985** 1re femme Pte de section du Conseil d'État, Suzanne Grévisse. 1re femme pilote de l'armée, Isabelle Boussaert (22 ans), 1re femme agent de change, Sylvie Girardet de Longevialle (Lyon).

D. Frémy, *Quid*, Éd. Robert Laffont, 1987.

15 *Lecture.*

Il pleut Il pleut
Il fait beau
Il fait du soleil
   Il est tôt
Il se fait tard
    Il
    Il
    Il
   toujours Il
toujours Il qui pleut et qui neige
toujours Il qui fait du soleil
   toujours Il
pourquoi pas Elle
   jamais Elle
pourtant Elle aussi
souvent se fait belle !

Jacques PRÉVERT, *Spectacles*, N.R.F., 1951.

16 *Et chez vous, les employeurs font-ils des différences entre les hommes et les femmes pour les rémunérations, la formation, les affectations, les promotions ou les mutations ?*

FONCTION PUBLIQUE	Salaire net mensuel évalué en francs de 1985	Salaire homme/ salaire femme en %
Cadres et professions intellectuelles supérieurs	**12 720**	**+ 21,7**
Cadres	13 230	+ 30,3
Professeurs et professions scientifiques et culturelles	12 310	+ 16,7
Professions intermédiaires	**8 090**	**+ 10,5**
Instituteurs, professeurs de collège	7 890	+ 8,5
Santé, travail social, clergé	7 630	+ 3,4
Professions de l'administration, de la police et des prisons	8 180	+ 11,6
Professions techniques	8 990	+ 13,8
Contremaîtres et agents de maîtrise	7 940	+ 12,9
Sous-officiers	8 350	
Employés et ouvriers	**6 140**	**+ 15,4**
Employés et agents de service	5 880	+ 9,9
Personnels de la police et des prisons	8 320	+ 26,1
Militaires hommes du rang	5 170	+ 10,6
Ouvriers	5 990	+ 12,6

Fichiers de paies de la fonction publique.

Source : INSEE.

17 *Lecture.*

LES NOUVEAUX PÈRES

Le sentiment paternel existe, je l'ai rencontré. Il n'existe pas seulement chez les nouveaux pères du XXᵉ siècle finissant [...]

Mais si on a fait, comme d'un nouveau produit sur le marché, la promotion des nouveaux pères, si on a mis les pleins feux sur papa et son bébé et si certains hommes revendiquent tant la paternité et le sentiment paternel, cela tient à de nombreuses raisons.

Des raisons biologiques : la répartition des rôles biologiques [...] a confié à la femelle le rôle de porteuse et de nourrice. Le mâle peut se sentir exclu, frustré, perdant.

Des raisons psychiques : l'envie d'être mère, de porter un enfant et d'allaiter, serait présente en tout individu et particulièrement chez un homme à tendance homosexuelle.

Des raisons sociologiques : la crise du couple et de la famille, le nombre croissant de divorces favorisent l'émergence d'hommes s'occupant davantage de la maison et des enfants ; ce comportement nouveau chez les pères est une façon de se prémunir contre le divorce autant qu'une façon d'assumer les conséquences d'un divorce ; une manière de s'attacher l'enfant. [...]

Des raisons scientifiques, d'ordre médical : les progrès médicaux ont permis, à la fois, une baisse considérable de la mortalité infantile et la mise au point d'une contraception efficace. [...] Cela a permis aux pères comme aux mères d'investir davantage dans l'enfant (avant et après la naissance) et de mieux s'intéresser à lui, en tant que personne complète. [...]

Des raisons politiques, économiques et morales : la dénatalité des pays d'Europe, la France en particulier, incite à encourager des images rassurantes, belles, autour de la paternité comme de la maternité. [...] Les nouveaux pères sont applaudis s'ils servent eux aussi à maintenir la famille mononucléaire et à donner l'exemple du bonheur lié au couple avec enfants.

D'après JACQUELINE KELEN, *Les nouveaux pères*, Flammarion, 1986.

Denis voulait voir Mathilde faire ses premiers pas.

18 *Dans votre pays, le phénomène des nouveaux pères existe-t-il ? Pensez-vous que l'homme doit s'occuper de son enfant autant que la femme ?*

30 Ah ! Si j'avais des sous...

ENQUÊTE : Question posée à des passants dans la rue : « Si demain vous gagniez une grosse somme au loto, qu'en feriez-vous ? »

1   *Identifiez les personnes. Faites leur portrait physique et psychologique.*

    a. Il (elle) aimerait dépenser son argent pour voyager.
    b. Il (elle) pense que l'argent est fait pour être dépensé.
    c. Il (elle) aimerait faire un placement sûr.
    d. L'argent pour lui (elle) n'a pas grande valeur.
    e. Il (elle) est économe.
    f. Il (elle) aimerait construire quelque chose bien à lui (elle).

2   *S'ils gagnaient une grosse somme d'argent au loto, qu'est-ce qu'ils en feraient ?*

    a. La gardienne de l'immeuble.
    b. La jeune fille.
    c. Le monsieur d'origine vietnamienne.
    d. La retraitée.
    e. Le mécano.
    f. La dame au chapeau.
    g. Le couple jeune ; le couple plus âgé.

3   *Relisez l'enquête de la page de gauche et terminez les phrases.*

    — J'achèterais une maison, une ferme...
    — Alors ..., cet argent pour lui...
    — Aujourd'hui, avec ma petite retraite...

4   *Des expressions avec* sous. *Reliez l'expression et sa définition.*

    a.   avoir des sous ●   ● être pauvre
    b.   être près de ses sous ●   ● être propre
    c. être propre comme un sou neuf ●   ● mettre peu à peu de l'argent
    d.   n'avoir pas le sou ●   de côté
    e.   économiser sou par sou ●   ● être avare
                                ● être riche

ÊTRE PAUVRE... COMME JOB.

ÊTRE AVARE ...COMME HARPAGON

COMME CRÉSUS !

En groupe, préparez des phrases dans lesquelles vous réutiliserez ces expressions.

5   *Lecture ou dictée.*

Comment bien utiliser son argent ? Sur ce point, les gens ont des avis très diffé-rents. S'ils avaient la chance de gagner une grosse somme, les uns penseraient à leur avenir : ils placeraient et économiseraient cet argent. D'autres, au contraire, le dépenseraient très vite et réaliseraient leurs vieux rêves : un grand voyage, de beaux vêtements, des bijoux... Quelques-uns l'utiliseraient pour aider leur famille ou leurs amis. Certains, enfin, continueraient à jouer en Bourse, à la loterie... même s'ils savent que la chance ne leur sourira pas toujours.

(handwritten top margin: devou - to have to / je devrais)

POUR PRATIQUER LA GRAMMAIRE

Le conditionnel : formation

• Le **conditionnel présent** se forme avec le radical du futur et les terminaisons de l'imparfait (**-ais, -ais, -ait, -ions, -iez, -aient**).

Exemple : **futur** → Je garderai mon argent. Il voyagera loin.
conditionnel → Je garderais mon argent. Il voyagerait loin.

Remarque : Le radical du futur se termine toujours par **-r**.

• Le **conditionnel passé** se forme avec le conditionnel présent de l'auxiliaire et le participe passé.

	Futur	Conditionnel présent	Conditionnel passé
être	Je serai, tu seras, etc.	je serais, tu serais, etc.	j'aurais été, etc.
avoir	j'aurai, tu auras, etc.	j'aurais, tu aurais, etc.	j'aurais eu, etc.
aller	j'irai, tu iras, etc.	j'irais, tu irais, etc.	je serais allé, etc.
venir	je viendrai, etc.	je viendrais, etc.	je serais venu, etc.
devoir	je devrai, etc.	je devrais, etc.	j'aurais dû, etc.
pouvoir	je pourrai, etc.	je pourrais, etc.	j'aurais pu, etc.
faire	je ferai, tu feras, etc.	je ferais, tu ferais, etc.	j'aurais fait, etc.
savoir	je saurai, etc.	je saurais, etc.	j'aurais su, etc.
vouloir	je voudrai, etc.	je voudrais, etc.	j'aurais voulu, etc.
prendre	je prendrai, etc.	je prendrais, etc.	j'aurais pris, etc.

(handwritten annotations around the table: PP; I will; I would; I would have; sé être été; ou avoir eu; il aller allé - to go; venir venu - to come; devoir dû; pouvoir pu; fe faire fait - to do; savoir su - to know; vouloir voulu - to want; prendre pris - to take; viendrai, devrai, pourrai, saurai, voudrai, prendrai, vaudrai; valoir valu je vaudrai; je voudrais; j'aurais valu - to be worth; ons, ez, ont, ions, iez, aient, la même; to be, to have)

6 *Avec de l'argent, que feriez-vous ? Répondez.*

Exemple : moi, acheter un appartement → Moi, j'achèterais un appartement.

elle, s'offrir un diamant – mes parents, faire le tour du monde – vous, jouer au loto – M. Rivot, déménager à la campagne – moi, changer de voiture – ma sœur, mettre son argent à la banque – vous, donner de l'argent à vos copains – lui, s'acheter un garage – eux, prendre leur retraite.

Refaites l'exercice au conditionnel passé.

Le conditionnel : emploi

a. le conditionnel de politesse

(handwritten: Would you)

> J'ai soif. Je **voudrais** boire. **Pourriez**-vous me donner de l'eau ?

Remarque : Le conditionnel passé s'emploie aussi, à la forme affirmative, avec le verbe vouloir.
Exemple : Bonjour Madame, j'aurais voulu un blazer.

7 *Un peu de savoir-vivre. Employez la forme de politesse.* *(handwritten: etiquette)*

Exemple : Tu dois venir avec moi. → Tu devrais venir avec moi. *(handwritten: should come)*

Peux-tu m'aider ? – Veux-tu ouvrir cette bouteille ? – Je veux vous inviter. – Peuvent-ils venir demain ? – Elle doit sortir avec lui. – Pouvez-vous téléphoner ? – Tu dois être plus gentille. – Voulez-vous garder ma place ?

b. le conditionnel : résultat imaginaire

S'il fait beau dimanche, (condition au présent	nous **irons** pique-niquer. → résultat au futur : celui qui parle affirme).
S'il faisait beau dimanche, (condition à l'imparfait	nous **irions** pique-niquer. ~~présent du conditionnel~~ → résultat au conditionnel ; ce n'est pas sûr, celui qui parle imagine.)

Imparfait

<u>Remarque :</u> *si* devant *il, ils* → **s'** (mais pas devant *elle, elles* : **si elle** vient).

8 *Le choix d'un métier. Faites des phrases.*

Exemple : moi, journaliste → Si j'avais le choix, je serais journaliste.

Paul, médecin – Cécile, secrétaire – mes deux frères, ingénieurs – nous, mécaniciens – moi, architecte – vous, pharmacien – toi, plombier – Philippe, professeur.

9 *Si j'étais à votre place... Faites des phrases.*

Exemple : il, ne pas aller à Monte-Carlo → S'il était à votre place, il n'irait pas à Monte-Carlo. ~~(in your place) will not be going~~

nous, jouer au Loto – moi, ne pas se mettre en colère – Mme Rivot, changer les meubles du salon – nous, visiter le Japon – elles, placer leur argent – moi, donner de l'argent à mon copain – il, ne pas s'occuper des affaires des autres.

Si + verbe à l'imparfait : souhait ou suggestion

Souhait	(Ah,) Si tu achetais une voiture !
Suggestion	(Et) Si tu achetais une voiture ?

down – exclamation
up – suggestion

(10) *Exprimez un souhait ou une suggestion.*

toi, être plus gentil – il, gagner plus d'argent – elle, être moins paresseuse – vous, jouer au bridge – ma secrétaire, être plus discrète – elle, s'habiller avec goût – vous, dépenser moins – le professeur, parler moins vite.

café   l'écran   emmène
changé
André   indépendantes   cinéma

POUR BIEN PRONONCER

Les sons [a] / [ɑ̃]

Jean-Paul est très content de changer Bébé et de l'emmener prendre l'air au Luxembourg.

11 *Écoutez ; répétez.*

Aujourd'hui, les femmes sont certainement plus <u>indépendantes</u>. – Jean prend une grande tasse de <u>café</u> ; <u>André</u> en prend deux petites. – Jean-Paul <u>emmène</u> souvent Nadine au <u>cinéma</u>. – Mes grands-parents vont rarement au <u>cinéma</u>, une ou deux fois par <u>an</u> ; mais ils y vont toujours <u>ensemble</u> et ils se mettent juste devant l'<u>écran</u>. – Nadine prend ses vacances <u>à</u> la <u>campagne</u>. – Aujourd'hui, beaucoup de gens vivent <u>ensemble</u> sans se marier. – Jean lit rarement ce journal, mais il lit souvent ce magazine <u>indépendant</u>. – La <u>campagne</u> est toujours aussi <u>calme</u>, et cet endroit n'a pas <u>changé</u>.

Écoutez une deuxième fois et écrivez.

À vous de jouer !

12 ***Organisez un jeu de « Trivial Pursuit » en classe (ou autant de jeux que de groupes de six étudiants).***

Fabriquez ● un plateau
        ● des cartes questions/réponses
        ● 36 triangles marqueurs

Procurez-vous six pions et un dé.

Sur le plateau, collez 12 rectangles blancs. Dessinez un dé sur chaque rectangle blanc. Collez également des rectangles de couleur (jaune, vert, marron, orange, bleu, rose). Sur six d'entre eux, dessinez un triangle. Répétez ces six couleurs sur les cartes. À côté de chaque couleur, inscrivez une question (en français) : de géographie (bleu), de divertissements (rose), d'histoire (jaune), d'art et littérature (marron), de sciences et nature (vert) et de sports et loisirs (orange). Au dos de chaque carte, inscrivez les réponses à vos questions. Mettez vos cartes dans une boîte.
La partie peut commencer. Demandez la règle du jeu à votre professeur.

Jeu du Trivial pursuit, T.M.

13 Les jeux d'argent.

En France, les jeux d'argent, longtemps limités à la Loterie nationale et au tiercé[1], se sont augmentés en 1976 du quarté[2] et du Loto[3], en 1984 du Tac-o-Tac[4] et en 1985 du Bingo[5] et du Loto sportif[6].

Tous ces jeux attirent un nombre de Français sans cesse croissant. Si 70 000 d'entre eux ont participé au premier tirage du Loto en mai 1976, ils étaient plus d'un million six mois après et ils sont actuellement entre 11 et 15 millions chaque semaine. Au total, ce sont environ **25 millions de joueurs,** soit près d'un Français sur deux, qui dépensent hebdomadairement une moyenne de 25 francs, en espérant gagner le gros lot.

En 1985, 45 milliards de francs ont été misés, dont 29,7 pour les courses de chevaux, dans le cadre du P.M.U.[7], 11,8 au Loto et 3,5 à la Loterie nationale.

Alain KIMMEL, *Vous avez dit France ?*, Hachette/CIEP.

1. Pari sur les courses de chevaux : il faut désigner les trois premiers d'une course « dans l'ordre » ou « dans le désordre ».
2. Il faut désigner les quatre premiers chevaux d'une course.
3. Il faut cocher d'une croix six numéros parmi quarante-neuf figurant sur les grilles d'un bulletin. Pour gagner le gros lot, il faut que les six numéros cochés correspondent aux six numéros tirés au sort.
4. Jeu proche de la Loterie nationale.
5. Variante du Loto.
6. Autre variante du Loto : il faut faire des pronostics sur des matches de football.
7. Pari mutuel urbain : organisme qui réunit les sociétés de courses hippiques.

Est-ce qu'il existe, dans votre pays, des jeux d'argent ? Est-ce qu'ils sont très populaires ?

14 Lecture.

ESCARTEFIGUE : Moi, je connais très bien le jeu de la manille et je n'hésiterais pas une seconde si j'avais la certitude que Panisse coupe à cœur.

(César continue ses signaux.)

PANISSE : Et il continue à faire des grima-ces, tenez, tenez, Monsieur Brun, surveillez Escartefigue, moi, je surveille César.

(Un silence, puis César parle sur un ton mélancolique.)

CÉSAR : Comment, tu me surveilles comme si j'étais un tricheur. Tu me fais ça à moi, un camarade d'enfance à toi. Merci !

PANISSE : Je t'ai fait de la peine ?

CÉSAR : Non, tu me fais plaisir, tu me fais plaisir, tu me surveilles comme si j'étais un scélérat, un bandit de grand chemin, je te remercie, tu me fends le cœur, hé !

PANISSE : Allons, César !

CÉSAR : Y'a pas de César. Tu me fends le cœur, tu me fends le cœur, TU ME FENDS LE CŒUR ! Oh, alors, nous jouons plus ? Qu'est-ce qu'on fait ? A moi, il me fend le cœur, à toi, il te fait rien ? Non, à toi, il te fait rien ?

ESCARTEFIGUE : Oh ? très bien, té cœur hé !
(Il jette une carte sur le tapis. Panisse la regarde, regarde César puis se lève brusquement, plein de fureur.)

PANISSE : Est-ce que tu me prends pour un imbécile ? Tu as dit : il nous fend le cœur pour lui faire comprendre que je coupe à cœur. Et alors, il joue cœur, parbleu.
(Il jette ses cartes sur la table et se lève.)

PANISSE : Tiens, tiens les voilà tes cartes, hypocrite, tricheur. Je ne joue pas avec un Grec ; siou pas plus fada qué tu, sas ? Foou pas mi prendré per un aoutré ? Siou Mestre Panisse, et siès pas pronfin per m'aganta !
(Il sort en répétant.)
Tu me fends le cœur !

Marcel PAGNOL, *Marius*, © Pagnol.

Pour travailler à la maison

- ■ *Exprimer son opinion.*
- ■ *Argumenter.*
- ■ *Anticiper.*

- ▶ *Le comparatif.*
- ▶ *Le superlatif relatif.*
- ▶ *Le superlatif absolu.*
- ▶ *Les sons* [m] / [n] / [ɲ].

- ● *Masculin, féminin.*

---

expressions et mots nouveaux

Accepter, *v.*
Adieu !, *interj.*
Ailleurs (d'), *adv.*
Alcool, *n. m.*
Avis, *n. m.*
Chômage, *n. m.*
Crime, *n. m.*
Dangereux(se), *adj.*
Débrouillard(e), *adj.*
Débrouiller (se), *v.*
Doucement, *adv.*
Égal(e), *adj.*
Égalité, *n. f.*
Élevé(e), *adj.*
Emmener, *v.*

Entreprise, *n. f.*
État, *n. m.*
Exactement, *adv.*
Féminin(e), *adj.*
Fier(ère), *adj.*
Foyer, *n. m.*
Garder, *v.*
Important(e), *adj.*
Indépendant(e), *adj.*
Masculin(e), *adj.*
Meilleur (le), *superl.*
Ministre, *n. m.*
Monument, *n. m.*
Part, *n. f.*
Partager, *v.*

Peser, *v.*
Peu à peu, *loc. adv.*
Point, *n. m.*
Président, *n. m.*
Prêt (à), *adj.*
Professionnel(le), *adj.*
Public, *n. m.*
Règle, *n. f.*
République, *n. f.*
Responsabilité, *n. f.*
Sexe, *n. m.*
Tabac, *n. m.*
Tout à fait, *loc. adv.*
Vaisselle, *n. f.*
Verre, *n. m.*

---

1 ***Exercice de substitution. Refaites des phrases.***

Exemple : Ta petite amie est élégante, mais la mienne est plus élégante. (gentil)
→ Ta petite amie est gentille, mais la mienne est plus gentille.

joli – gai – discret – intelligent – amusant.

Exemple : Nadine est la fille la plus travailleuse de la famille !
(Thérèse et Hélène) → Thérèse et Hélène sont les filles les plus travailleuses de la famille.

Jean-Paul – mes deux cousins – Annie et Françoise.

2 ***Comparez l'âge, la taille, le poids et le salaire de Nadine, Jean-Paul et Gérard.***

Jean-Paul	Nadine	Gérard	Jean-Paul	Nadine	Gérard
24 ans	22 ans	29 ans	80 kg	49 kg	75 kg
1,78 m	1,60 m	1,75 m	9 000 F par mois	7 000 F par mois	11 000 F par mois

Pour vous aider : les adjectifs : jeune/vieux/âgé..., petit/grand... ; les verbes : peser plus/moins... que, gagner plus/moins... que...

3 ***Observez puis faites des phrases.***

– *À mon avis, l'alcool est plus dangereux que le tabac...*
– *Non, pour moi, l'alcool est moins dangereux que le tabac !*
– *C'est pareil ! L'alcool est aussi dangereux que le tabac !*

le taxi, le métro, rapide – les appartements à Nice, à Toulouse, chers – les hommes, les femmes, bien s'occuper des enfants.

Pour les exercices 2, 3 et 4, relisez les pages 84 et 85.
Revoyez encore une fois le premier tableau de la page 15 et le premier tableau de la page 34.

4 ***Complétez.***

Les filles travaillent ... à l'école et souvent, elles ont de ... notes ... les garçons. Elles réussissent aux examens ... difficiles et la porte des ... grandes écoles leur est ouverte. Mais ce n'est pas encore l'égalité professionnelle entre les hommes et les femmes : beaucoup ... de femmes sont au chômage et à travail égal, elles gagnent souvent ... d'argent. Mais elles occupent une place de ... en ... importante dans notre société.

LEÇON 30

Pour travailler à la maison

expressions et mots nouveaux

Aéroport, *n. m.*
Architecte, *n. m.*
Avare, *adj.*
Bateau, *n. m.*
Bijou, *n. m.*
Bourse, *n. f.*
Bridge, *n. m.*
Caisse, *n. f.*
Casino, *n. m.*
Certainement, *adv.*
Certains, *pron. indéf.*
Colère, *n. f.*
Construire, *v.*
Continuer, *v.*
Contraire (au),
   loc. adv.
Côte, *n. f.*
Couple, *n. m.*

Dé, *n. m.*
De côté, *loc. adv.*
Diamant, *n. m.*
Drôlement, *adv.*
Économiser, *v.*
Endroit, *n. m.*
Ennui, *n. m.*
Épargne, *n. f.*
Faim, *n. f.*
Intéresser, *v.*
Jeu, *n. m.*
Loterie, *n. f.*
Loto, *n. m.*
Manteau, *n. m.*
Mécanicien, *n. m.*
Mécano, *n. m.*
Or, *n. m.*

Pauvre, *adj.*
Pion, *n. m.*
Placement, *n. m.*
Placer, *v.*
Plombier, *n. m.*
Présent, *n. m.*
Racheter, *v.*
Réaliser, *v.*
Réponse, *n. f.*
Rêve, *n. m.*
Soif, *n. f.*
Soleil, *n. m.*
Solide, *adj.*
Somme, *n. f.*
« Super », *adj.*
Tomber, *v.*
Valeur, *n. f.*
Vietnamien(ne), *adj.*
Vison, *n. m.*

■ *Suggérer.*
■ *Répondre à une suggestion.*
■ *Faire un choix.*

▶ *Le conditionnel : formation et emploi.*
▶ *Si + verbe à l'imparfait : souhait ou suggestion.*
▶ *Les sons* [a] */* [ã].

● *À vous de jouer.*

---

1 *Exercice de substitution. Refaites des phrases.*

Exemple : Si **je** *chantais, je chanterais une chanson portugaise.* (Antonio) *I was or I would*
→ *Si Antonio chantait, il chanterait une chanson portugaise.*

ses cousines – tu – nous – mon père – vous. *chantiez*
chantaient *chanterez*

Exemple : Lui ? Il placerait son argent à la Caisse d'épargne ! (moi)
→ *Moi, je placerais mon argent à la Caisse d'épargne !*

mes grands-parents – Nadine – vous – nous – tu.

2 *Futur ou conditionnel ? Terminez les phrases.*

a. S'il gagne au loto...	
b. Si elle n'était pas mariée...	il (elle) fera
c. S'il a un long congé...	le tour du monde.
d. Si sa femme était en bonne santé...	il (elle) ferait
e. S'il était plus jeune...	le tour du monde.

3 *Faites des phrases.*

a. Si j'avais un meilleur salaire	nous achèterions une maison.
b. Si vous étiez d'accord	nous économiserions.
c. Si nous gagnions au loto	nous déménagerions.
d. Si tu ne dépensais pas autant	je jouerais en bourse.

4 *Pour faire une demande polie : le conditionnel de politesse.*

Exemple : J'ai très faim. (pouvoir)
→ *Pourriez-vous me donner un chocolat et des croissants ?*

Je suis très pressé. (vouloir) – ...-vous taper tout de suite cette lettre ? / Nous sommes fatigués. (être) – ...-il possible de nous reposer ici ? / Je pars demain. (pouvoir) – ...-tu m'emmener à l'aéroport en voiture ? / Mon fils n'est pas bien. (pouvoir) – ...-je partir avant cinq heures ? / Vous êtes toujours en retard ! (pouvoir) – ...-vous arriver à l'heure ?

APPRENEZ

par cœur

le futur, le conditionnel présent et le conditionnel passé des verbes être, avoir, aller, venir, devoir, pouvoir, faire, savoir, vouloir *et* prendre.

Pour les 4 exercices, relisez les pages 90 et 91.

31 Si tu t'imagines...

M. VINCENT :	Si je suis heureux ? Disons... je crois... un peu plus que les autres.
M. MANGIN :	Sans problèmes ?
M. VINCENT :	Ce n'est pas ce que je veux dire : j'ai parfois de petits ennuis de santé, de famille ou d'argent et... je ne dors pas toujours tranquille... Mais, je suis naturellement optimiste.
M. MANGIN :	Vous en avez de la chance !
M. VINCENT :	Et puis, j'ai toujours bien aimé mon métier... même s'il ne me rapporte pas beaucoup. Mais l'argent, vous savez ce qu'on dit, hein ? Enfin, je m'en tire pas trop mal. C'est cet appartement qui nous coûte le plus cher.
M. MANGIN :	Oui, mais vous l'avez bien choisi ! Le cadre de vie, ça aussi, c'est important.
M. VINCENT :	Nous avions trois ou quatre bons amis qui habitaient dans le coin... Pour les retrouver, nous sommes venus nous installer ici... C'est un grand plaisir de les sentir près de nous et de les revoir souvent.
M. MANGIN :	Un bonheur sans nuages en somme...
M. VINCENT :	Oh ! pas tout à fait ! Vous savez, l'avenir est un peu inquiétant : avec la crise, le chômage, toute cette violence... on ne se sent plus en sécurité nulle part ; et encore, nous, nous avons de la chance !
M. MANGIN :	C'est vrai que le monde est devenu un peu fou... Je me demande parfois où nous allons...
M. VINCENT :	Oui, je me le demande aussi, mais il faut avoir confiance, le bonheur, ça commence aujourd'hui.

1 *Qu'est-ce qui est important pour M. Vincent ?*

la santé – la famille – l'argent – le logement – le travail – l'environnement – l'amitié – les loisirs.

Sur quelles phrases du dialogue vous appuyez-vous pour répondre ?

2 *M. Vincent ne dort pas toujours tranquille. Pourquoi, à votre avis ?*

a. Il a peur de perdre son travail.
b. Il a peur d'une guerre.
c. Il a peur d'avoir moins de revenus.
d. Il est malade.
e. Il a des problèmes familiaux.

3 *Trouvez les questions.*

Exemple : Je me demande si vous êtes heureux. → *Est-ce que vous êtes heureux ?*

a. Je me demande si le monde n'est pas un peu fou. → *mad*
b. Je ne sais pas si vous aimez toujours votre métier. → *job*
c. Je voudrais savoir si vous n'avez pas de problèmes. →
d. Je me demande si M. Vincent est content de son sort. → *fate*
e. Je ne sais pas si vous me comprenez. →

4 *« Le bonheur, ça commence aujourd'hui. » Commentez cette phrase.*

5 *Lecture ou dictée.*

M. Vincent est un homme heureux... Pourtant, comme tout le monde, il a « ses » problèmes : de santé, de famille, d'argent et de travail... Malgré tout, il est content de son sort parce qu'il est naturellement optimiste et qu'il a des goûts simples : faire son métier, vivre dans son appartement, y inviter ses amis... Ni sa femme ni lui ne rêvent d'avoir beaucoup d'argent... Tout va donc très bien pour les Vincent ? Non, pas tout à fait... On ne peut pas oublier ceux qui souffrent de -la crise, de la faim, du chômage, de la violence, de la guerre. On peut être inquiet pour l'avenir... Alors, pour vivre, n'attendons pas demain... Le bonheur, c'est aujourd'hui.

POUR PRATIQUER LA GRAMMAIRE

Les pronoms personnels : synthèse

Fonction / Personne		Sujet	Complément d'objet direct	Complément d'objet indirect (construction avec *de*, *à*)	Forme tonique (seule ou après préposition)
S I N G.	1ʳᵉ	je	me, m'	me	moi
	2ᵉ	tu	te, t'	te	toi
	3ᵉ	il elle on	le, l', se, s' la, l', se, s' le, la, l', se, s'	lui, se en, y	lui elle lui, elle, soi
P L U R.	1ʳᵉ	nous	nous	nous	nous
	2ᵉ	vous	vous	vous	vous
	3ᵉ	ils elles	les, se, s'	leur, se en, y	eux elles

Remarques : 1. *Se* est un pronom **réfléchi,** utilisé dans les constructions pronominales.
2. Verbes employés avec l'auxiliaire *avoir* → attention à **l'accord du participe passé** avec *la, les,* et *l'.*

6 *Posez les questions.*

Exemple : Paul, garder sa vieille voiture → Pourquoi est-ce qu'il la garde ?

vous, détester les histoires de bureau – Jean-Paul et Nadine, regarder souvent la télévision – Nadine, ne pas oublier ses collègues – Nadine et Françoise, écrire à leurs cousines – Mme Vincent, téléphoner souvent à son fils.

L'ordre des pronoms dans la phrase déclarative : synthèse

	1	2	
SUJET (nom ou pronom) *(ne)*	me, m', te, t', se, s' nous, vous	le, la, les, en, y	VERBE *(pas)*
	le, la, les	lui, leur, en, y	
	lui, leur	en	

Remarque : L'ordre est le même dans les phrases impératives négatives, mais *se* n'apparaît jamais.

7 *Mon frère veut ce livre ; je le lui donne. Remplacez mon frère par :*

mes sœurs – vous – tu – ils – ton copain.

8 *Oui ou non ? Faites l'exercice à trois.*

Exemple : toi, vendre ta voiture → Toi, est-ce que tu me vendras ta voiture ? Oui, je te la vendrai ou Non, ...

toi, offrir ce livre – vous, raconter l'histoire – elle, expliquer la leçon – toi, présenter tes amis – elles, montrer les photos – eux, donner l'adresse.

9 Et vous ? Faites l'exercice à trois.

Exemple : donner votre voiture à votre fils → Est-ce que vous donnerez votre voiture à votre fils ? Oui, je la lui donnerai ou Non, ...

vendre votre moto à votre copain Philippe – offrir ces fleurs à votre mère – poser ces questions à votre professeur – donner l'adresse des Bréal à Cécile.

10 Je leur en donnerai... Faites l'exercice à trois.

Exemple : donner des notes aux étudiants → Est-ce que vous donnerez des notes aux étudiants ? Oui, je leur en donnerai ou Non, ...

poser des questions au professeur – lire des histoires au petit garçon – préparer des sandwichs pour les copains – parler de votre voyage à votre petit(e) ami(e).

L'ordre des pronoms dans la phrase : le cas de l'impératif

Remarque : Donne-m'en / Donne-lui-en.

	1	2
VERBE	le, la, les	moi, nous, lui, leur
	m', t', nous, vous, lui, leur	en

11 Donne-le-moi ! Faites des phrases.

Exemple : montrer, photos de vacances, à moi → Montre-les-moi.

vendre, vieux poste de radio, à moi – montrer, voiture, à lui – présenter, amis, à elle – expliquer, exercice difficile, à eux – offrir, gros diamant, à elle.

Le verbe dormir

Indicatif présent : je dors, tu dors, on / il / elle dort, nous dormons, vous dormez, ils / elles dorment.
Futur : je dormirai, tu dormiras, etc. **Imparfait** : je dormais, etc. **Conditionnel présent** : je dormirais, etc.
Passé composé : j'ai dormi, etc. **Plus-que-parfait** : j'avais dormi, etc. **Conditionnel passé** : j'aurais dormi, etc.

*Remarque : s'endormir, mentir, (se) sentir, (se) servir (de), se conjuguent comme **dormir**.*

12 Répondez.

Dormez-vous bien ou mal ? – À quelle heure vous endormez-vous ? – Combien d'heures dormez-vous ? – Est-ce que vous vous sentez en forme ou est-ce que vous vous sentez fatigué(e) ?

POUR BIEN PRONONCER

Les sons [ɛ̃] / [ɛ] / [ɑ̃]

Le Saint-Émilion ? C'est un grand vin !

13 Écoutez ; répétez.

M. Vincent a des goûts simples ; il n'a pas besoin de beaucoup d'argent. – Mon voisin a des ennuis de santé et d'argent. – C'est un grand plaisir de sentir nos enfants près de nous. – Il doit prendre le prochain train ; c'est très important. – J'avais un copain ingénieur qui n'avait jamais d'argent ; c'était inquiétant. – Elle aurait bien besoin d'un chien dans sa maison.

Heureux

14 **Par ordre décroissant, les Français sont heureux grâce à :**

la famille
les amis
la santé
le logement
les loisirs
l'environnement
le travail

Pèlerin Magazine/Sofres, oct. 1985.

Par ordre décroissant, les Français sont préoccupés par :

la violence, l'insécurité dans les rues
la paix et la situation internationale
la hausse des prix
le niveau de leurs revenus
le montant de leurs impôts
le climat social de leur entreprise

La Croix/Antenne 2/Louis Harris, oct. 1985.

Et vous, quelles sont vos raisons d'être heureux ?

Quelles sont vos préoccupations ?

15 **On rencontre souvent ces mots dans les titres des journaux. Dans quelle rubrique les classez-vous ?**

Bretagne : maintenant, il pleut dans les maisons sans toit

Encore une vieille dame assassinée

Le licencié massacre la famille du délégué syndical

Des hooligans ivres ont tout cassé dans un Boeing

VOL   POLLUTION   HOLD-UP   INCENDIE   FRAUDE   EXPLOSION

ACCIDENT   CHÔMAGE   INONDATION   GRÈVE   GUERRE   ATTENTAT

CONFLIT   COUP D'ÉTAT   CRIME   PRISE D'OTAGES   LICENCIEMENT

TREMBLEMENT DE TERRE

RUBRIQUES

POLITIQUE
ÉCONOMIE
SOCIÉTÉ
ÉDUCATION
FAITS DIVERS

16 **Trouvez un titre pour ces faits divers.**

Un employé du Crédit municipal de Marseille, qui quittait son appartement à 8 heures hier matin, a été attaqué par deux hommes armés qui lui ont dérobé une mallette contenant 250 000 F de bijoux et 35 000 F en espèces.

Un précédent propriétaire avait piégé le pavillon mais Thierry Muller, vingt-quatre ans, nouvel habitant de Frimbolle (Moselle) ne le savait pas. Mardi, alors qu'il restaurait le linteau d'une porte, dix-huit détonateurs cachés dans le bois lui ont explosé au visage. Le jeune homme a été touché aux yeux. Son père et son beau-père, qui l'aidaient, ont été blessés par des éclats.

Une bombe a explosé mardi soir devant les bureaux du village de vacances de Porticcio (Corse du Sud) sans faire de victimes mais occasionnant des dégâts importants. C'est le troisième attentat commis dans ce village. L'ex-F.L.N.C. était l'auteur des deux premiers. Celui-ci n'a pas encore été revendiqué.

Le Parisien, 22 oct. 1987.

17 *Ouvrez votre journal ; choisissez un fait divers. Racontez-le en français : vous utiliserez le passé composé et l'imparfait.*

18 *La semaine des cancers sera-t-elle heureuse ? malheureuse ? Qu'est-ce qui est certain ? Qu'est-ce qui est probable ?*

De quel signe est votre voisin ? (votre voisine ?)
Écrivez son horoscope.
Sous l'influence de quel(s) astre(s) est-il ?
Côté cœur, quels astres lui sont favorables ?
Quels seront les événements heureux de la semaine ?
les moments moins heureux ?
Et en famille ?
Et avec les amis ?
Quels signes (2) seront ses alliés ?
Côté santé, attention !
Côté vie sociale, courage !

Pour vous aider :

des noms
bonheur, imprudence, négligence, patience, aventure, contact, transformation, prudence, confiance, concession, dialogue, effort, progrès, idée, désordre, joie, décision, dialogue, complication, dispute, obstacle.

des adjectifs
grave, délicat, utile, constructif, agréable, persévérant, rapide, sérieux, positif, dangereux, animé, solide, bizarre, important, excellent.

des verbes
découvrir, se sentir, améliorer, planifier, contrarier, se reposer, agir, résoudre, persévérer, encourager, éviter, accepter, donner satisfaction, affronter, combattre.

des astres
Saturne, Mars, Vénus, Mercure, Pluton, Jupiter, le Soleil, Uranus, Neptune.

CANCER

(22 juin - 22 juil.)
Lune
CŒUR. Vous vous orienterez vers des liens durables. Relations complexes avec vos amis, car vous serez rarement d'accord avec eux. Bonnes idées pour le bien-être familial. Le Scorpion et le Sagittaire se réjouiront de vos succès.
SANTÉ. Soignez sans plus attendre vos malaises.
VIE SOCIALE. Énergie et ténacité : cette semaine de travail promet le succès à toutes vos iniatives.
MON CONSEIL. Évitez les gens ennuyeux.

Elle, oct. 1987.

19 *Lecture.*

Si tu t'imagines
si tu t'imagines
fillette fillette
si tu t'imagines
xa va xa va xa
va durer toujours
la saison des za
la saison des za
saison des amours
ce que tu te goures
fillette fillette
ce que tu te goures. [...]

...
allons cueille cueille
les roses les roses
roses de la vie
et que leurs pétales
soient la mer étale
de tous les bonheurs
allons cueille cueille
si tu le fais pas
ce que tu te goures
fillette fillette
ce que tu te goures.

RAYMOND QUENEAU, *Si tu t'imagines*, extrait de « L'instant fatal », Gallimard.

32

Eux, c'est eux !... Mais nous ?

LE BELGE :	... Pour vous, en France, qu'est-ce qui est intéressant ? Le pays... les hommes qui y vivent ? L'histoire, peut-être ?
LE CANADIEN :	Oui, l'histoire... La France est le pays où ont vécu mes ancêtres. J'aime y venir et y revenir, visiter ses différentes régions, ses grandes villes... Que de belles vacances j'ai passées dans ce pays !
LE BELGE :	Oui, je vois... la cuisine, les bons vins... les fromages...
LE CANADIEN :	Bien sûr... et les Français aussi !
LE BELGE :	Les Français, vous les avez rencontrés, vous ? Moi, non.
LE CANADIEN :	C'est vrai, il faut bien le reconnaître : ils n'ouvrent pas facilement leur porte, ils choisissent longuement leurs amis. Moi, j'ai de la chance, j'ai des cousins qui nous reçoivent gentiment.
LE BELGE :	Moi, les Français, je les trouve froids... et fiers... un peu trop fiers de leur histoire, de leurs réalisations techniques... Ils sont chauvins, quoi !
LE CANADIEN :	Mais nous sommes tous chauvins ! Plus ou moins... c'est naturel. Et, pourtant, en France, quelle est la chose dont on parle le plus ? Eh bien, c'est de l'Europe...
LE BELGE :	Les Français sont peut-être moins heureux de vivre dans leur pays ; ils critiquent tout : leur gouvernement, l'administration, l'Université. Chez eux, tout va mal...
LE CANADIEN :	N'exagérons pas ! Les Français aiment leur pays, c'est certain. Ils ne le quittent pas facilement. Pour eux, le bonheur, c'est une affaire qui est personnelle, individuelle... Ils disent souvent : « chacun pour soi »...
LE BELGE :	Ils pourraient ajouter : « et la France pour tous. »

1 *Relisez le dialogue de la page de gauche. À travers la conversation du Canadien et du Belge, relevez les défauts des Français.*

Pour vous, les Français ont-ils d'autres défauts ? d'autres qualités ?

2 *En France, qu'est-ce qui intéresse le plus le Canadien ?*

Et vous, qu'est-ce qui vous intéresse le plus ?

3 *Avec les adjectifs relevés dans le texte, formez des adverbes de manière.*

Exemple : facile → facilement
long(ue) → longuement

froid(e)	cher(ère)	heureux(se)	personnel(le)
fier(ère)	naturel(le)	certain(e)	individuel(le)

4 *Vous savez... Posez les questions et trouvez les réponses.*

Exemple : ... a des cousins ? → – Vous savez s'il a des cousins ?
– Oui, il en a.

... ils habitent ? — – Non, je ne le sais pas.
... ils font ? — – Ils sont cultivateurs.
... on le reçoit gentiment ? — – Oui, il aime bien ce pays.
... l'intéresse ? → – Près de Toulouse.
... il aime la France ? — – L'histoire et la géographie de la France.
... il pense ? — – L'été prochain.
... il reviendra en France ? — – À la bonne cuisine et aux bons vins français !

5 *Lecture ou dictée.*

Deux francophones échangent leurs impressions sur la France et les Français. La France, pour le Canadien, est le pays de ses ancêtres : de lointains cousins y habitent encore. Il s'intéresse beaucoup à l'histoire et à la géographie de la France, où il passe toujours de très bonnes vacances.

Le Belge, lui, est plus critique. Il trouve les Français peu accueillants et même froids. Ils sont, pense-t-il, très fiers de tout ce qui est français et cependant jamais satisfaits de la façon dont on les gouverne... Le Canadien a remarqué que le Français trouve son bonheur chez lui et non pas dans la société où il vit. Serait-il donc trop individualiste ?

POUR PRATIQUER LA GRAMMAIRE

Les pronoms relatifs qui et que : révision

J'ai **des cousins. Ces cousins** me reçoivent gentiment.
↓
J'ai **des cousins** | qui | me reçoivent gentiment.

J'ai **des cousins.** Je vais voir **ces cousins** tous les ans.
↓
J'ai **des cousins** | que | je vais voir tous les ans.

Remarque : qui = pronom relatif sujet ; que = pronom relatif complément d'objet direct. Attention à l'accord du participe passé (voir leçon 18, p.6).

6 *Faites une seule phrase avec qui ou que.*

Exemples : Nadine a un ami. Il habite Douala. → Nadine a un ami qui habite Douala.
Voici une voiture. J'aimerais l'acheter. → Voici une voiture que j'aimerais acheter.

J'ai un fils. Ce fils gagne bien sa vie. – Je cherche un livre. J'ai perdu ce livre. – Nous avons des besoins. Ils sont modestes. – Voici l'autobus. Je le prends chaque jour. – Elle a écrit une lettre. La lettre est trop longue. – C'est un beau pays. Vous allez le visiter.

Le pronom relatif dont

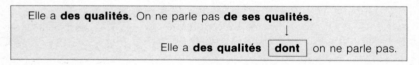

Elle a **des qualités.** On ne parle pas **de ses qualités.**
↓
Elle a **des qualités** | dont | on ne parle pas.

Remarques : 1. L'antécédent de *dont* est un nom complément d'objet indirect avec la préposition **de**.
2. C'est *un homme.* Je connais *son frère* (= le frère de cet homme).
→ C'est **un homme dont** je connais **le frère.**

7 *Faites une phrase avec dont.*

Exemple : Voici les amis. Je vous ai parlé de ces amis. → Voici les amis dont je vous ai parlé.

C'est un beau voyage. Je me souviendrai de ce beau voyage. – Ce sont des livres. Je me sers de ces livres. – C'est un problème. Nous reparlerons de ce problème. – J'achèterai ces bottes. J'ai besoin de ces bottes. – Offrez-vous donc ce pull-over. Vous avez envie de ce pull-over. – C'est un nouveau film. On en parle beaucoup. – C'est une vieille voiture. Je m'en sers encore. – J'aimerais avoir ce livre. Vous m'en avez parlé.

8 *Faites une phrase avec dont.*

Exemple : C'est une personne. Je connais ses amis. → C'est une personne dont je connais les amis.

C'est un garçon. J'ai rencontré ses parents. – C'est un appartement. J'aime son balcon. – C'est un livre. J'ai oublié son titre. – C'est un vieux copain. Je voudrais avoir son adresse. – Je t'ai parlé de mon vieux copain. J'ai perdu son adresse.

Le pronom relatif où

La France est **un pays.** J'ai passé de belles vacances **dans ce pays.**
↓
La France est **un pays** | où | j'ai passé de belles vacances.

Remarques : 1. **Où** est un pronom relatif qui remplace un nom complément de lieu ou de temps.
Exemple : Je suis né en 1930. → *1930, l'année* **où** *je suis né...*
2. **Où** est aussi un adverbe interrogatif. *Exemple :* **Où** *vas-tu ?*
3. Attention ! **où** avec accent / **ou** sans accent (*un chien* **ou** *un chat ?*).

9 *Faites une phrase avec* où.

Exemple : Je connais la ville. Vous avez passé vos vacances dans cette ville.
  → *Je connais la ville* **où** *vous avez passé vos vacances.*

Vous irez à l'Université. J'ai fait mes études dans cette Université. — Édith s'est promenée dans la forêt. Il y a un château dans cette forêt. — Je serai au restaurant. Je prends mes repas d'habitude dans ce restaurant. — Présentez-vous au directeur de l'école. Je suis professeur dans cette école. — François cultive la ferme. Son grand-père y a vécu.

Le verbe recevoir

Indicatif présent

S	1	Je	**reçois** des lettres.	Nous **recevons** un salaire.	1	P
I N G U L I E R	2	Tu	**reçois** des nouvelles ?	Vous **recevez** des cartes postales ?	2	L U R I E L
	3	On Il Elle	**reçoit** des amis.	Ils Elles **reçoivent** des meubles.	3	

Futur : je recevrai, tu recevras, etc.

Imparfait : je recevais, etc.

Conditionnel présent : je recevrais, etc.

Passé composé : j'ai reçu, tu as reçu, etc.

Plus-que-parfait : j'avais reçu, etc.

Conditionnel passé : j'aurais reçu, etc.

Remarque : Attention ! **ç** devant *o* et *u*.

10 *Conversation. Remplacez* tu *par* vous *, puis par* ils *. Faites l'exercice à deux.*

— Tu reçois *Le Monde ?* — Je reçois aussi *L'Express.* — Et *Paris-Match ?* — Non, je ne le reçois pas.

Reprenez l'exercice au passé composé. Écrivez toutes les formes verbales.

POUR BIEN PRONONCER

Les sons [ɔ̃] / [ɔ] / [ɛ̃], [ɑ̃]

Mon oncle Léon et son vieux copain Vincent vont souvent ensemble en vacances.

11 *Écoutez ; répétez.*

Léon et Vincent sont rarement d'accord. — J'aimerais voir encore davantage d'émissions d'information à la télévision. — Pour mes grands-parents, la télévision a été une révolution. — François est intelligent ; son patron lui a donné d'importantes responsabilités. — Simon voudrait offrir un manteau de vison à Simone, mais il n'a pas assez d'argent sur son compte en banque. — Après les congés, Vincent et moi, nous aurons certainement une importante augmentation.

Écoutez une deuxième fois et écrivez.

France(s)

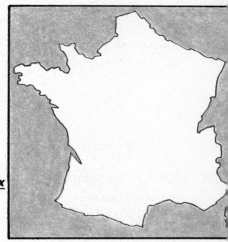

12   *Cette carte de France est muette. Pouvez-vous :*

– Tracer et nommer les fleuves ?
– Situer les montagnes ? des régions ?
– De quelles régions a-t-on parlé dans *Bonne Route* ?
Indiquez-les sur la carte.
Dans quelle figure géométrique (presque régulière) peut-on inscrire la France ?

13   *Qu'est-ce qui, pour vous, symbolise le mieux la France ? Pourquoi ?*

Présentez vos symboles nationaux à des amis français.

14   *La France, les Français ? Lisez.*

Adieu, plaisant pays de France,
   O ma patrie
   La plus chérie
Qui a nourri ma jeune enfance ;
Adieu, France, adieu mes beaux jours.
Marie STUART.

Le Français fit ce qu'en toute occasion font les Français, il se mit à rire.
H. de BALZAC, *Massimila Doni.*

Les Français se perçoivent comme des gens légers, frivoles et bon vivants, alors qu'ils sont anxieux, tendus, fragiles, travailleurs.
E. TODD, *Le Fou et le Prolétaire*, Laffont.

La France est divisée en quarante-trois millions de Français.
P. DANINOS, *Les carnets du Major Thompson*, Hachette.

Personne n'est plus convaincu que moi que la France est multiple. Elle l'a toujours été et le sera toujours. Il y a en France beaucoup de familles spirituelles. Cela a toujours été ainsi. C'est là notre génie.
Ch. DE GAULLE, Conférence de presse du 12 nov. 1947.

Dans chaque Français, il y a deux Français : celui qui ne veut pas d'histoires et celui qui a de grandes idées.
WOLINSKI.

15 *Connaissez-vous un Français ? une Française ? Est-il, est-elle comme ça ? Faites son portrait.*

Feuilletez les pages « Pour aller plus loin » et continuez le portrait du Français moyen. Qu'est-ce qu'il fait ? Qu'est-ce qu'il aime ? Qu'est-ce qu'il pense ?

Le Français moyen a entre 28 et 35 ans, il habite la région parisienne, il travaille, il est marié, il a (presque) deux enfants. Le Français moyen mesure 1,72 m et pèse 72 kg. Il dépasse son épouse de 10 cm et pèse 12 kg de plus qu'elle. Tous deux ont les yeux et les cheveux foncés.

UNE AUTRE FRANCE, UN AUTRE FRANÇAIS

Il est français (plus des deux tiers), jeune (plus de la moitié ont moins de quarante ans) et chargé de famille (57 %).
Pour nourrir sa famille, il ne dispose que de 30 F maximum par jour. Il vit en ville (71 %) et, une fois sur trois, habite une H.L.M. En raison de ses faibles moyens, il accumule les dettes (62 %), notamment de loyers et de factures E.D.F. Pour vivre, il fait souvent appel aux associations de charité pour leur réclamer de l'argent (65 %), voire une aide alimentaire (63 %).
Comment en est-il arrivé là ? Sans qualification professionnelle (deux pauvres sur trois sont sortis du système scolaire sans aucun bagage et 7 % d'une classe d'âge sont

quasiment illettrés). Il est voué aux petits boulots ou au chômage (63 %). Souvent, même, ce qui crée la grande pauvreté, c'est la somme des difficultés rencontrées de la petite enfance à l'âge adulte.

D'après J. FRASNETTI, *Le Parisien*, 22 oct. 1987.

16 *Lisez cet extrait d'article : que pensez-vous des Français ?*

Quelle opinion de la France et des Français aviez-vous avant de commencer votre cours ? Et maintenant ?

Les Français ont toujours eu le souci d'expliquer leur identité profonde. En fait, les Français sont plus différents entre eux qu'ils ne sont semblables. Et quand ils arrivent à se définir eux-mêmes, ils le font en termes de famille, de profession, d'environnement, de communauté de goûts. « Le monde est partagé entre ceux qui aiment les chiens et ceux qui aiment les chats », conclut Zeldin. « Je crois vraiment que les Français sont tout à la fois chats et chiens... et beaucoup plus que ça. »

Traduit de Scott SULLIVAN, *Newsweek*, 7 février 1983, à propos du livre de T. ZELDIN, *Histoire des passions françaises*, Le Seuil.

Pour travailler à la maison

■ *Interroger, répondre et justifier.*
■ *Nuancer.*

▶ *Les pronoms personnels : synthèse.*
▶ *L'ordre des pronoms dans la phrase : synthèse.*
▶ *L'ordre des pronoms dans la phrase : le cas de l'impératif.*
▶ *Le verbe dormir au présent, au futur, à l'imparfait, au passé composé, au plus-que-parfait et au conditionnel présent et passé.*
▶ *Les sons* [ɛ̃] / [ɛ] / [ã].

● *Heureux.*

Reportez-vous à la page 99.

COMPLÉTEZ

les tableaux de conjugaisons du verbe dormir au futur, au passé composé, à l'imparfait, au plus-que-parfait, au conditionnel présent et passé.

Pour les exercices 1, 2 et 4, relisez les tableaux de la page 98.

---

expressions et mots nouveaux

Astre, *n. m.*
Cadre, *n. m.*
Crise, *n. f.*
Disons, *interj.*
Endormir (s'), *v.*
Exercice, *n. m.*
Expliquer, *v.*
Fait divers, *n. m.*
Familial(e), *adj.*
Horoscope, *n. m.*

Inquiétant(e), *adj.*
Inquiétude, *n. f.*
Naturellement, *adv.*
Nuage, *n. m.*
Nulle part, *adv.*
Paix, *n. f.*
Pique-nique, *n. m.*
Préoccupation, *n. f.*
Raconter, *v.*
Rapporter, *v.*
Sécurité, *n. f.*

Sentir, *v.*
Sentir (se), *v.*
Signe, *n. m.*
Simple, *adj.*
Somme (en), *loc. adv.*
Sort, *n. m.*
Souffrir, *v.*
Tirer (s'en), *v.*
Violence, *n. f.*

---

1 _Exercice de substitution. Refaites des phrases._

  a. Ton frère voudrait ce livre ? Donne-le-lui !
    ces disques – ce gâteau – cette place.

  b. Nous aimons bien les Bréal et nous les invitons souvent !
    téléphoner – rencontrer – écrire.

  c. Vous ne connaissez pas Nadine ? Je vais vous la présenter...
    mon mari – mes parents – ma femme et ma fille.

  d. Il voudrait ce livre ? Je le lui donne !
    mes sœurs – tu – elle.

  e. Je me sens fatigué(e) !
    M. Vincent – nos enfants – ma sœur.

2 _Complétez les phrases._

Exemple : Quand ils seront de retour, (nous/inviter/eux) → Quand ils seront de retour, nous les inviterons.

  a. Quand j'aurai de beaux timbres étrangers, (je/donner/à toi) → ...

  b. Il a acheté des fleurs et (il/apporter/à vous) → ...

  c. Ils viendront demain et (je/présenter/à vous) → ...

  d. Elle a reçu la lettre mais (elle/renvoyer/à lui) → ...

  e. S'il part demain, (il/dire/à nous) → ...

3 _Complétez les phrases avec la négation : ne ... pas, ni ... ni, sans._

Vous ... avez ... de problèmes ? ... de santé, ... de famille, ... d'argent ? Une vie ... problèmes, en somme ? L'avenir ... vous inquiète ... ? ... la crise, ... le chômage, ... la violence ne vous inquiètent ? Une vie ... inquiétude, en somme ?
  – Le bonheur, c'est hier.
  – Non, c'est demain.
  – Ce n'est ... hier, ... demain : le bonheur, ça commence aujourd'hui !

4 _Répondez d'abord affirmativement puis négativement. Utilisez les pronoms compléments._

  a. Hélène a écrit à ses parents ?
  b. M. Lucet va souvent à l'étranger ?
  c. M. et Mme Michel vont inviter les Bréal ?
  d. Est-ce que Jean-Paul a trouvé du travail à Nadine ?
  e. Les Mangin aiment l'appartement des Vincent ?

LEÇON 32

Pour travailler à la maison

---

expressions et mots nouveaux

Ajouter, *v.*
Ancêtre, *n. m.*
Augmentation, *n. f.*
Balcon, *n. m.*
Cependant, *adv.*
Certain(e), *adj.*
Chauvin(e), *adj.*
Critique, *adj.*
Critiquer, *v.*
Cultivateur, *n. m.*
Échanger, *v.*
Européen(ne), *adj.*
Façon, *n. f.*
Forêt, *n. f.*

Francophone, *adj.*
Froid(e), *adj.*
Géographie, *n. f.*
Gouvernement, *n. m.*
Gouverner, *v.*
Île, *n. f.*
Impression, *n. f.*
Individualiste, *adj.*
Individuel(le), *adj.*
Lointain(e), *adj.*
Modeste, *adj.*
Naturel(le), *adj.*
Où, *pron. rel.*
Personnel(le), *adj.*

Postal(e), *adj.*
Que !, *adv. excl.*
Réalisation, *n. f.*
Recevoir, *v.*
Remarquer *v.*
Reparler (de), *v.*
Revenir, *v.*
Satisfait(e), *adj.*
Servir (se) (de), *v.*
Soi, *pron. pers.*
Symbole, *n. m.*
Technique, *adj.*

- ■ *Exprimer ses goûts, ses préférences / les justifier.*
- ■ *Caractériser des personnes.*
- ▶ *Les pronoms relatifs qui et que : révision.*
- ▶ *Les pronoms relatifs dont et où.*
- ▶ *Le verbe recevoir au présent, au futur, à l'imparfait, au passé composé, au plus-que-parfait et au conditionnel présent et passé.*
- ▶ *Les sons [ɔ̃] / [ɔ], [ɛ̃] / [ɑ̃].*
- ● *France(s).*

1 *Complétez les phrases avec c'est (ce sont) ... qui ou c'est (ce sont) ... que.*

C'est une région qui est jolie.
C'est une région que je trouve jolie.

En France, ... la cuisine et les bons vins ... m'intéressent le plus. Moi, ... les monuments ... je préfère. Eh bien, moi, ... les réalisations techniques ... m'intéressent. ... des cousins ... nous reçoivent toujours gentiment. La France, ... un pays ... les Français aiment bien et ... les étrangers aiment bien aussi.

2 *Complétez les phrases.*

La France ? C'est un pays qui ...
C'est un pays que ...
C'est un pays dont ...
C'est un pays où ...

Un livre... Je lis un livre qui ...
Je lis un livre que ...
Je lis un livre dont ...
Je lis un livre où ...

Reportez-vous à la page 105.

COMPLÉTEZ

les tableaux de conjugaisons du verbe recevoir au futur, au passé composé, à l'imparfait, au plus-que-parfait, au conditionnel présent et passé.

3 *Transformez les phrases : utilisez dont, où.*

a. La Bretagne est une belle région. Je me souviendrai de cette région. →
b. J'aime bien aller en Provence. Je passe de très belles vacances dans cette région. →
c. J'ai rencontré un Canadien. Les cousins de ce Canadien habitent à Toulouse. →
d. J'ai visité ce musée. Tu m'avais parlé de ce musée. →
e. J'aime beaucoup cette île. Les habitants sont très accueillants. →

 Pour les exercices 1, 2 et 3, relisez les tableaux de la page 104.

4 *Faites des phrases au passé composé. Attention à l'accord du participe passé !*

Exemple : amis belges / connaître en vacances
Voici des amis belges que nous avons connus en vacances.

a. carte de la région / visiter → ...
b. lettre d'Hélène / recevoir hier → ...
c. ville / préférer → ...
d. souvenirs / rapporter → ...
e. photos / prendre → ...

33 Le monde en français

À VOTRE AVIS...

1. Qu'est-ce qu'un francophone ?
    a) Celui qui connaît bien le français.
    b) Celui qui parle habituellement le français.
    c) Celui qui utilise le français.

2. Par sa surface, quel est le plus grand État de la francophonie ?
    a) La France.
    b) Le Zaïre.
    c) Le Canada.

3. Combien d'hommes et de femmes dans le monde comprennent, parlent, lisent ou écrivent le français ?
    a) 100 millions.
    b) 200 millions.
    c) 260 millions.

4. Les vrais francophones (ceux et celles dont le français est la langue maternelle) sont, dans le monde, au nombre de :
    a) 130 millions.
    b) 100 millions.
    c)   80 millions.

5. À l'O.N.U. (Organisation des Nations unies), le français est :
    a) langue de travail.
    b) langue de 20 États.
    c) langue d'une cinquantaine d'États.

6. L'Alliance Française dans le monde :
    a) a 600 établissements.
    b) est établie dans plus de 100 pays.
    c) enseigne le français à 300 000 étudiants.

7. L'enseignement du français dans le monde est donné :
    a) par 250 000 professeurs francophones ou étrangers.
    b) par   30 000 francophones.
    c) par   20 000 Français.

8. Est-ce que c'est l'Académie française qui a dit : « Il faut parler le français comme on doit l'écrire, et non pas l'écrire comme on ne devrait pas le parler » ?

9. Un personnage historique (Charles V, dit Charles Quint) disait en plaisantant : « Je parle anglais aux commerçants, italien aux femmes, français aux hommes, espagnol à Dieu et allemand à mon cheval. »
Est-ce qu'il utilisait bien les cinq langues qu'il pratiquait ?

1 **Qu'est-ce que les pays colorés en bleu d'une part, et en gris d'autre part, ont en commun ?**

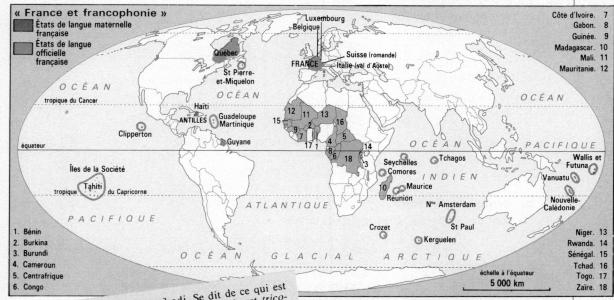

« France et francophonie »

- États de langue maternelle française
- États de langue officielle française

Luxembourg
Belgique
Suisse (romande)
FRANCE — Italie (val d'Aoste)
Québec
St Pierre-et-Miquelon
OCÉAN
tropique du Cancer
OCÉAN
OCÉAN
Haïti
ANTILLES
Guadeloupe
Martinique
Clipperton
équateur
Guyane
OCÉAN PACIFIQUE
Wallis et Futuna
Vanuatu
Seychelles
Comores
Tchagos
INDIEN
Maurice
Réunion
N^{lle} Amsterdam
Nouvelle-Calédonie
Îles de la Société
Tahiti
tropique du Capricorne
ATLANTIQUE
Crozet
St Paul
PACIFIQUE
Kerguelen
OCÉAN GLACIAL ARCTIQUE
échelle à l'équateur
5 000 km

1. Bénin		Côte d'Ivoire.	7
2. Burkina		Gabon.	8
3. Burundi		Guinée.	9
4. Cameroun		Madagascar.	10
5. Centrafrique		Mali.	11
6. Congo		Mauritanie.	12
		Niger.	13
		Rwanda.	14
		Sénégal.	15
		Tchad.	16
		Togo.	17
		Zaïre.	18

français, e [frãsε, -εz] adj. Se dit de ce qui est relatif à la France : *Le drapeau français est tricolore. Le territoire français. La langue française. L'industrie française.* ◆ n. Personne qui habite en France ou qui est originaire de France : *Les Gaulois étaient les ancêtres des Français. Un Français hors de France.* ◆ **français** n. m. Langue parlée par les Français : *Parler le français.* ◆ **franciser** v. tr. Donner le caractère français à quelque chose : *Franciser une prononciation, un mot.* ◆ **francisation** n. f. : *La francisation d'un mot, d'un vocable.* ◆ **franciste** n. Spécialiste de langue et littérature françaises. ◆ **franco-**, élément préfixé à un adjectif de nationalité et signifiant « français » : *Les accords franco-russes.* ◆ **francophile** adj. et n. Se dit d'un ami de la France, ou de ce qui manifeste cette amitié. ◆ **francophilie** n. f. Amitié à l'égard de la France. ◆ **francophobe** adj. et n. Se dit de ce qui est hostile à la France, ou de quelqu'un qui témoigne de cette attitude. ◆ **francophobie** n. f. ◆ **francophone** adj. et n. Se dit de quelqu'un dont la langue d'expression est le français.

2 **Relisez le texte de la page de gauche. Vous allez y trouver des noms et des adjectifs : les Français, le français, français(e), la francophonie, francophone...**

Distinguez-les bien et retenez leur définition extraite du dictionnaire.

Extrait du *Dictionnaire du français contemporain*, Larousse.

3 *Lecture ou dictée : l'Alliance Française.*

Le but de l'Alliance Française est d'enseigner le français à des adultes étrangers et de les intéresser à la culture française. Il y a 500 professeurs français et 6 000 professeurs étrangers qui enseignent le français dans les Alliances du monde entier.

À l'étranger, l'Alliance Française n'est pas française ! Elle a la nationalité du pays où elle se trouve : portugaise au Portugal, mexicaine au Mexique, etc. C'est une association qui ne fait pas de bénéfices. Elle se sert de ses recettes pour payer les professeurs et les employés et pour entretenir les bâtiments et les classes. La plus grande des Alliances n'est pas celle de Paris, c'est celle de Rio de Janeiro qui comptait 14 186 étudiants, en 1987.

Les pronoms démonstratifs

a. formes simples

	Singulier	Pluriel
Masculin	le pull-over de mon père : **celui** de mon père	les bas de ma mère : **ceux** de ma mère
Féminin	la chemise de mon père : **celle** de mon père	les chaussettes de ma sœur : **celles** de ma sœur
Neutre	Je vais vous raconter **ce** que je sais.	

Remarque : Ce devant voyelle → **c'**. Exemple : **C'est** bien.

b. formes composées

Ce sont les formes simples, plus **-ci** ou **-là**.

	Singulier	Pluriel
Masculin	le pull-over de mon père : **celui-ci / celui-là**	les bas de ma mère **ceux-ci / ceux-là**
Féminin	la chemise de mon père : **celle-ci / celle-là**	les chaussettes de ma sœur : **celles-ci / celles-là**
Neutre	Je sais **ceci / cela**.	

Remarques : 1. Cela → **ça** (fréquent en français parlé). Exemple : _Je sais_ **ça**.
2. -ci : proximité ; -là : éloignement. Exemples : _Quel verre ?_ **Celui-ci**, _devant toi. /_ **Celui-là**, _dans le fond du placard._

4 _À qui est-ce ? Faites l'exercice à deux._

Exemple : manteau de Cécile, Nadine → C'est le manteau de Cécile ? Non, c'est celui de Nadine.

livres de Jean, Paul – voiture du docteur Châtaignier, M. Rivot – moutons de Pierre, François – valises de Christine, Maria – chien du retraité, marchande de journaux – montre de ma sœur, ma mère.

5 _Celle que je préfère... Répondez._

Exemple : Renault, Peugeot ? → La Renault, c'est celle que je préfère.

vin de Bordeaux, vin de Bourgogne ? – langue espagnole, langue française ? – pommes rouges, pommes vertes ? – fromages doux, fromages forts ? – train express, train rapide ? – professeur de français, professeur de mathématiques ?

6 _C'est vrai, mais... Faites des phrases._

Exemple : robes, jolie, élégante → Ces robes ? Celle-ci est plus jolie, mais celle-là est plus élégante.

garçons, intelligent, travailleur – appartements, confortable, grand – exercices, facile, intéressant – gâteaux, excellent, gros – secrétaires, discrète, compétente – quartiers, agréable, calme.

Les pronoms interrogatifs

a. les formes simples et les formes renforcées

	Personnes	Choses
Sujet	**Qui** vient ? **Qui est-ce qui** vient ?	**Qu'est-ce qui** arrive ?
Complément d'objet direct	**Qui** voyez-vous ? **Qui est-ce que** vous voyez ?	**Que** voyez-vous ? **Qu'est-ce que** vous voyez ?
Complément d'objet indirect	**À qui** parlez-vous ? **À qui est-ce que** vous parlez ?	**À quoi** penses-tu ? **À quoi est-ce que** tu penses ?

b. les formes composées

		Singulier	Pluriel
SUJET ou C.O.D.	Masc.	– Le plus petit rit. – Lequel ? – Lequel vois-tu ? – Le plus grand.	– Les plus petits rient. – Lesquels ? – Lesquels vois-tu ? – Les plus grands.
	Fém.	– La plus petite rit. – Laquelle ? – Laquelle vois-tu ? – La grande.	– Les plus petites rient. – Lesquelles ? – Lesquelles vois-tu ? – Les grandes.
C.O.I.	Masc.	– Il écrit à son frère. – Auquel *ou* – Lequel ?	– Il parle à ses étudiants. – Auxquels ? *ou* – Lesquels ?
	Fém.	– Il écrit à sa sœur. – À laquelle ? *ou* – Laquelle ?	– Il parle à ses étudiantes. – Auxquelles ? *ou* – Lesquelles ?

7 _Exercice de synthèse. Posez toutes les questions possibles à partir de ces phrases._

Quelqu'un a répondu à la question. – Ça me fait rire. – Il écrit à sa cousine. – Jean-Paul téléphone à Nadine. – Il campera chez son cousin. – Anne-Marie s'intéresse à l'histoire. – Les Bréal partiront avec leurs amis. – Elles rentreront avec ma voiture. – Tes amis mangeront le cassoulet que j'ai acheté.

POUR BIEN PRONONCER

La liaison : cas particulier des voyelles nasales

Mon ami Vincent a un voisin inquiétant. Quand un mot finit par une voyelle + *m* ou *n*, et quand le mot qui suit commence par une voyelle, on ne fait pas de liaison.

Remarques : Cas de liaison.
1. Avec *un, aucun, bien, rien.* Exemple : un-na-mi « un ami ».
2. Avec *on, en*, avant le verbe. Exemple : on-né-crit « on écrit ».
3. Avec *mon, ton, son.* Exemple : mon-na-mi « mon ami ».
4. Avec *bon* et les adjectifs terminés par [$\tilde{\varepsilon}$] : le masculin se prononce comme le féminin. Exemples : un-b[ɔ]-né-tu-diant, une-b[ɔ]-né-tu-diante.

8 _Écoutez ; répétez._

C'est un garçon intelligent. – Il a une maison agréable. – Ce vin est délicieux. – C'est une information importante. – C'est une question indiscrète. – En juin ou juillet, le jardin est agréable. – On écrit à mon oncle ? Non, on n'écrit pas à ton oncle. – Le prochain enfant de Nadine s'appellera Simon. – L'ancien ami de Paul est un ancien élève de mon oncle. – J'ai bien envie de voir mon émission préférée.

Francophonies

Au Canada, on peut entendre :

C'est dispendieux.
Servez-moi un breuvage frais.
Vous virez à la troisième lumière.
Vous pouvez possiblement en voir.
Y a point de bâtisse.
Il a garé son char.
Monsieur Lafleur est en devoir.

En Afrique, on peut entendre :

Je l'attends, ça vaut deux heures...
Je ne t'ai pas vu depuis... !
Il a dansé jusqu'à fatigué.
Chaque soir, maman prépare.
Elle a gagné l'enfant.
La fille-là elle est trop jolie même.

Institut Pédagogique Africain et Malgache, Edicef.

9 En France, on peut entendre :

À la sortie d'un lycée

– Alors ? ce bac ? ça a gazé ?
– Ça va foirer... oui ! Cette année le bac pour moi, c'est foutu. Ah ! j'en ai ras le bol des exams...
– C'est pas grave ! Tu remets ça l'année prochaine...
– Tu parles comme mes vieux toi ! « Un flemmard ! il ne fiche rien ! La télé, les boums, les nanas... oui ! mais les bouquins ? zéro ! Monsieur sèche les cours... un de ces jours, il va se faire virer du lycée... c'est sûr... » Ah ! tu sais... des vieux comme ça... c'est pas le pied !
– T'as pas de pot, c'est vrai. Mais faut faire avec, hein ? Allez ! moi j'me casse... Tchao !

Réécrivez ce dialogue en français standard.

En France, on parle aussi...

11 Chanson.

Les gens de mon pays

Est-ce vous que j'appelle
Ou vous qui m'appelez
Langage de mon père
Et patois dix-septième
Vous me faites voyager
Mal et mélancolie
Vous me faites plaisir
Et sagesse et folie
Il n'est coin de la terre
Où je ne vous entende
Il n'est coin de ma vie
À l'abri de vos bruits
Il n'est chanson de moi
Qui ne soit toute faite
Avec vos mots vos pas
Avec votre musique.

Gilles VIGNEAULT, PM 241, Sibecar.

10 Persuadez un de vos amis d'apprendre le français. Donnez les arguments.

12 *Lisez ce que disent ces trois professeurs de français. Avec lequel êtes-vous d'accord ?*

Moi, je n'ai pas de règle. Je pense qu'« il faut de tout pour faire un monde »... Mes cours sont différents selon les groupes. Ils peuvent être rigoureux, ils peuvent aussi être amusants. Dans certaines classes, je suis la méthode page à page, dans d'autres, j'apporte des documents complémentaires.

Mes étudiants apprennent par cœur des listes de mots, les règles grammaticales et les conjugaisons. Ils doivent écrire et parler une langue correcte. À l'écrit, je ne laisse passer aucune faute. À l'oral, je corrige immédiatement. Je donne souvent des exercices, je fais souvent des contrôles.

Je pense qu'on apprend bien une langue quand on l'apprend avec plaisir. Je propose donc à mes étudiants beaucoup d'activités.
J'enseigne une langue vivante, pratique, communicative. Mes étudiants parlent beaucoup en classe. Je les fais souvent travailler en groupe.

13 *Lecture.*

Ceux de la génération de Kompè racontent encore que les leçons de récitation étaient un délice lorsqu'il scandait le verbe « porter un grand boubou », au présent de l'indicatif, en frappant dans ses mains. Toute la classe dansait autour du maître qui, pris par le rythme, esquissait quelques pas. Aussi, il ne l'interrogeait que lorsque l'attention des autres élèves faiblissait. Alors la classe devenait une séance de tam-tam, une fête populaire.
Kompè lançait la première phrase de sa chanson :
– Je porte un grand boubou.
Après avoir formé un cercle autour de lui, les autres élèves reprenaient :
– Porte ! Porte !
– Tu portes un grand boubou.
– Porte ! Porte !
– Il porte un grand boubou.
– Porte ! Porte !
– Vous portez un grand boubou.
– Portez ! Portez !...
Les garçons et les filles des autres classes accouraient. [...] La classe devenue trop petite, on sortait dans la cour, et chacun dansait le verbe « porter un grand boubou » au présent de l'indicatif.

MASSA MAKAN DIABATÉ, *Le Coiffeur de Kouta*, Collection « Monde Noir poche », Éditions Hatier, Paris, 1983.

34

Bonne route !

LA MÈRE :	Le progrès... le progrès... je ne crois pas, moi, que nos petits-enfants soient plus heureux que nous.
LE PÈRE :	Eh bien moi, j'en suis sûr. Prends la médecine, ils seront mieux soignés, ils resteront jeunes et en bonne santé plus longtemps. Ce n'est pas rien... Et puis ils travailleront moins que nous... enfin moins durement.
LA MÈRE :	Tu le crois vraiment ?
LE PÈRE :	Tu l'as vu comme moi dans l'émission, ils travailleront différemment : des machines, des ordinateurs, des robots intelligents feront une partie de leur travail. Ils auront plus de loisirs, plus de liberté...
LA MÈRE :	Et qu'est-ce qu'ils en feront de cette liberté ? Ça, on ne l'a pas dit !
CHRISTOPHE :	On en profitera ! je ne sais pas, moi... en voyageant dans l'espace... Tu nous imagines en navette spatiale ?... « Les voyageurs pour la Lune, Mars, Jupiter sont priés de se présenter au spatiodrome n° 4... » « Le départ est fixé à 22 h 30... Nous vous souhaitons bonne route... »
LE PÈRE :	Tu vois, lui, il est déjà prêt ! Ah, les jeunes ont de la chance !
LA MÈRE :	Tu crois vraiment que cette technique fera le bonheur de tout le monde ? Et la pollution ? Il faudra bien en parler un jour ; aujourd'hui déjà, la situation est grave... alors demain ?
MARIE-NOËLLE :	Mais demain on aura des énergies douces, des énergies propres, le soleil...
CHRISTOPHE :	Et la mer ! C'est elle qui nous nourrira... comme ça, le problème de la faim sera peut-être résolu...
LE PÈRE :	Ça, je demande à voir.
LA MÈRE :	J'ai bien peur que tout aille un peu trop vite pour que nous puissions suivre.
CHRISTOPHE :	On verra bien, après tout, l'an 2000, ce n'est pas si loin !

1 *L'avenir en noir ou en rose ? Groupez-vous, relisez le dialogue de la page de gauche et notez ce que disent les pessimistes et les optimistes. Écrivez un texte (pessimiste ou optimiste), puis présentez-le à la classe.*

2 *Inspirez-vous du dialogue pour terminer ces phrases.*

       a. Je ne crois pas ...
       b. Je suis sûr(e) que ...
       c. Je ne sais pas ...
       d. Tu crois vraiment que ...
       e. J'ai bien peur que ...

3 *Complétez les phrases en utilisant des mots ou expressions du dialogue.*

Les hommes comptent sur les progrès de la ... pour vivre plus vieux. Ils resteront ... et ... plus longtemps. Et puis ils ... moins parce que des robots ... une partie de leur travail. Mais est-ce qu'ils auront plus de ... et de ... ? Est-ce que le ... de la technique ... le ... de tout le monde ? Les jeunes sont déjà ..., les personnes plus âgées, elles, ... que le progrès aille trop vite.

4 *Lecture ou dictée.*

 « Progrès et avenir ». C'est le titre d'une émission de télévision que les Joly viennent de regarder. Chacun commente. Madame Joly a peur que les progrès techniques soient trop rapides ; elle ne croit pas qu'ils rendent les gens plus heureux. Monsieur Joly est optimiste. Il pense qu'en étant mieux soignés, en travaillant moins durement, ses petits-enfants profiteront mieux de la vie. Marie-Noëlle et Christophe imaginent ... Et si demain, grâce au soleil et à la mer, la pollution et la faim dans le monde n'étaient plus que de mauvais souvenirs ?

Le participe présent et le gérondif

> J'ai un ami qui parle français. = J'ai un ami parlant français.

Remarques : 1. On forme le participe présent avec le radical de la première personne du pluriel du présent de l'indicatif. On met -**ant** à la place de -*ons*.
2. Formes irrégulières : *avoir* → **ayant**, *être* → **étant**, *savoir* → **sachant**.

> Je déjeune et j'écoute la radio. = Je déjeune en écoutant la radio.
> J'écoute la radio en déjeunant.

Remarques : 1. *En écoutant, en déjeunant* sont des gérondifs.
On forme le gérondif avec **en** + le **participe présent**.
2. Dans une phrase avec un gérondif, le sujet du gérondif doit être le même que le sujet du verbe.

5 *Employez le participe présent.*

J'ai trouvé Cécile qui parlait au téléphone. – J'ai vu deux personnes qui sortaient du magasin. – J'ai écouté le professeur qui expliquait la leçon. – J'ai croisé une jeune fille qui descendait l'escalier.

6 *Employez le gérondif.*

Il lit le journal et il attend l'autobus. – Nous sommes revenus de promenade et nous avons chanté.– Elle a répondu oui et elle a rougi. – J'ai tapé à la machine et j'ai fait des fautes.

La conjonction de subordination que

La conjonction **que** introduit une proposition subordonnée, complément du verbe.

> La météo annonce quelque chose : il va faire beau. → La météo annonce qu'il va faire beau.

Remarque : Ne pas confondre *que* **conjonction** (complément d'un verbe), et *que* **pronom relatif** (complément d'un nom).

Le subjonctif présent : formation

S I N G U L I E R	Il faut que (qu')	1	je	march**e**.	nous march**ions**.	1	P L U R I E L
		2	tu	march**es**.	vous march**iez**.	2	
		3	on il elle	march**e**.	ils elles march**ent**.	3	

Remarques : 1. Les 1re, 2e, 3e personnes du singulier et 3e personne du pluriel du présent du subjonctif sont les mêmes que celles de l'indicatif présent (sauf pour *être, avoir, aller, faire, pouvoir, savoir, vouloir*).
2. Les 1re et 2e personnes du pluriel du subjonctif présent sont les mêmes que celles de l'indicatif imparfait (sauf pour *être, avoir, faire, pouvoir, savoir*).

7 _**Avant de partir en voyage... Faites des phrases.**_

Exemple : moi, laver la voiture → Avant de partir en voyage, il faut que je lave la voiture.

toi, choisir les vêtements – lui, fermer le gaz – elle, noter le nom de l'hôtel – eux, écouter la météo – vous, prendre l'appareil photo – nous, passer à l'agence.

Le subjonctif présent : formes irrégulières

Il faut que (qu')		être	avoir	aller	faire	pouvoir	savoir	vouloir
	je (j')	sois	aie	aille	fasse	puisse	sache	veuille
	tu	sois	aies	ailles	fasses	puisses	saches	veuilles
	on / il / elle	soit	ait	aille	fasse	puisse	sache	veuille
	nous	soyons	ayons	allions	fassions	puissions	sachions	voulions
	vous	soyez	ayez	alliez	fassiez	puissiez	sachiez	vouliez
	ils / elles	soient	aient	aillent	fassent	puissent	sachent	veuillent

Le subjonctif : emploi

	Verbe principal	Verbe de la subordonnée	Commentaire
M. Vincent vient-il ?	Je vous dis	qu'il **vient**. _(indicatif)_	C'est sûr.
	Je doute Je ne suis pas sûr Je ne pense pas	qu'il **vienne**. _(subjonctif)_	Ce n'est pas sûr. Il ne viendra probablement pas.
	Il faut	qu'il **vienne**. _(subjonctif)_	On emploie toujours le subjonctif.

8 _**Je ne suis pas sûr... Faites des phrases.**_

Exemple : toi, avoir assez d'argent → Je ne suis pas sûr que tu aies assez d'argent.

nous, avoir le temps – Cécile, être au Sénégal – Josette, avoir envie de partir – Jean-Paul, faire la cuisine – Marina, savoir chanter en français – Silvio, vouloir jouer aux cartes – Jérôme, pouvoir nous recevoir – ma petite amie, vouloir venir – Nadine, nous attendre – Philippe, pouvoir réussir au bac.

POUR BIEN PRONONCER

Les consonnes géminées

– Je me marie !
– Avec qui ?
– Avec Claude !

Quand on prononce une consonne à la fin d'un mot et la même consonne au début du mot suivant, on prononce **deux** consonnes, mais sans interruption entre les deux.

9 _**Écoutez ; répétez.**_

Jim m'amuse et me fait rire pour rien. – Paul l'emmène au cinéma. – Nadine ne regarde dans la boîte aux lettres que le soir. – Pierre rit, et Francis sourit. – Bonne nuit, madame Mercier. – Il l'a dit et il l'a fait. – Donne-nous du pain. – Je n'ai pas la clé pour rentrer. – Cette porte ? Les voisins ont la clé et ils peuvent vous l'ouvrir rapidement. – Il ne mange jamais de fruits.

C'est déjà demain !

10 **Dans 13 ans, l'an 2000.**

Comment voyez-vous la France au XXIᵉ siècle ? Lisez les propositions suivantes et répondez « c'est certain » ou « c'est improbable ».

- De moins en moins de couples vont se marier.
- On passera au moins six heures par jour devant sa télé.
- On fera ses courses par l'intermédiaire du Minitel.
- Il y aura un accident nucléaire qui aura des conséquences sur la vie.
- On pourra circuler, acheter et travailler librement dans n'importe quel pays de la Communauté européenne.
- Le cancer sera vaincu.
- On apprendra l'informatique dès l'école primaire.
- Les médecines douces seront recommandées par les médecins.
- Les centres-villes seront interdits à la circulation automobile.
- On n'utilisera plus d'argent liquide mais seulement des chèques et des cartes de paiement informatiques.
- Grâce à l'informatique et à la télématique, on travaillera de plus en plus chez soi et moins dans les bureaux.
- On ne mangera presque plus de produits frais.
- Il n'y aura plus de journaux, tout passera par la télévision.
- On ne fera pratiquement plus de cuisine chez soi.
- Le service militaire sera supprimé.
- On ne fabriquera plus que de petites voitures.

Enquête IPSOS/Que choisir ?, fév. 1987.

11 **À chacun son futur... En l'an 2000, comment voyez-vous :**

- votre travail,
- vos loisirs,
- les transports,
- votre nourriture,
- votre habillement ?

Rédigez individuellement ou en groupe vos propositions. Discutez-les.

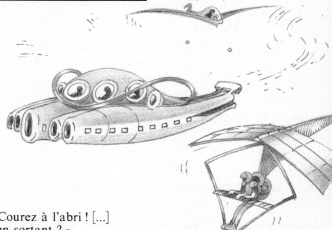

12 **Lecture.**

« La guerre, dit-elle. C'est la guerre ! Courez à l'abri ! [...]
– Mais, papa, qu'allons-nous trouver en sortant ? »
Le père prit un air las.
« L'humanité se refera. Les survivants s'organiseront. Et qui aura le rôle de dirigeant ? Ceux qui bénéficieront d'une instruction poussée, de diplômes. Ceux qui pourront remettre la technologie en route. Si, comme je le pense, les dégâts ne sont pas considérables, il se peut que cet été... avec quelques semaines de retard... le concours ait lieu quand même. Dis-toi bien que l'école durera aussi longtemps que la société civile.
– Et si nous restions... les seuls ? »

Alain DURET, Les années froides, Éditions Belfond.

13 Dans sa péniche amarrée au pont de la Concorde, Jacques Rougerie invente des fermes sous-marines, il dessine des usines accrochées au fond des océans et il construit de drôles de bateaux transparents pour être plus près des baleines.

L'ARCHITECTE ET LA MER

« C'était en 1967. J'étais étudiant en architecture. Un jour je suis allé à une manifestation contre la chasse aux baleines. [...] Je me suis dit : mais pourquoi ne pas proposer aux chasseurs de baleines de devenir des agriculteurs de la mer ? Pourquoi ne pas leur construire des fermes marines ? J'ai commencé à rêver : j'imaginais déjà mes fermiers en train de traire le lait de leur troupeau de baleines. Plus tard, je suis allé voir des océanographes, j'ai discuté avec eux de mes projets. Ils ne m'ont pas pris au sérieux. J'étais un peu en avance, c'est tout. J'ai parcouru le monde, des États-Unis au Japon. Je suis allé chez les peuples lacustres d'Afrique et d'Indonésie, ceux qui vivent au bord de l'eau. J'ai mis huit ans avant de construire ma première maison sous la mer : Galathée. [...]

J'ai fini de construire Galathée un 24 décembre, le soir du réveillon. Nous avons fêté Noël avec toute l'équipe. On a fait griller la dinde sur un feu au milieu du chantier... Nous allons vivre, dans les années qui viennent, une aventure fantastique : une deuxième conquête de l'espace... aquatique celui-là. Une vraie aventure pour notre planète. On découvre enfin que la mer est aussi une mine de richesse, un espace dans lequel on pourra habiter et un formidable terrain de jeux. »

Cinq sur 5, extrait du « Livre journal », Hachette, 1987.

L'aquaspace, « vaisseau des mériens ».

Le village sous la mer pour l'entraînement des cosmonautes.

14 *Chanson.*

Je m'appelle W 454
J'habite au 4000 de la rue 44
Mon pays il est là c'est le F 48
Situé sur la planète AG 1908
Le soir du 34 14 8037
Je me marie avec LN 317
Nous partons en voyage pour SK 49
Dans un X 2002 presque à l'état neuf
Vous pouvez nous écrire à MH 400
2 500 000 avenue 1800
Je m'appelle W comme n'importe qui
Mon père s'appelait Z mais c'était un génie.

Un de mes grands aïeux lui s'appelait Blanchard
Pierre-Amédée-Gontran-Timoléon-Édouard
Il habitait la France un tout petit pays
Situé sur une étoile maintenant refroidie
Les rues portaient des noms bizarres et malaisés
Lafayette Vaugirard ou bien Champs Élysées
Pour lui téléphoner on faisait Turbigo
Louvre-Élysées-Balzac ou bien Trocadéro
Les uns étaient du Nord les autres de l'Hérault
Les gens de ce temps-là étaient des rigolos
C'était presque en 2000. C'était l'année 0.

Michel SARDOU, *W. 454,* Revaux-Sardou-Delanoë, Trema RCA Mono Stereo 310 019.

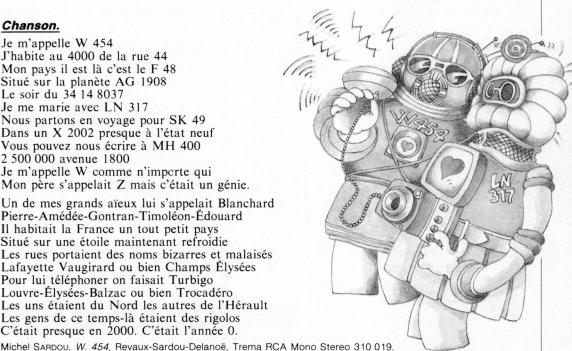

15 *Les hommes du XXIe siècle donnent leurs opinions sur le siècle précédent. Écrivez.*

Pour travailler à la maison

■ *Rechercher / donner une information.*

▶ *Les pronoms démonstratifs.*

▶ *Les pronoms interrogatifs.*

▶ *La liaison : les voyelles nasales.*

● *Francophonies.*

---

expressions et mots nouveaux

Académie, *n. f.*	Duquel, *pron. rel.*	Mexicain(e), *adj.*
Adulte, *n. m.*	Enseignement, *n. m.*	Million, *n. m.*
Association, *n. f.*	Enseigner, *v.*	Patois, *n. m.*
Auquel, *pron. rel.*	Entier(ère), *adj.*	Personnage, *n. m.*
Ceci, cela, *pron. dém.*	Établi(e), *adj.*	Plaisanter, *v.*
Ce... ci, *adj. dém.*	Établissement, *n. m.*	Pomme, *n. f.*
Celui-ci, *pron. dém.*	Fond, *n. m.*	Recettes, *n. f. pl.*
Celui... qui, que, de, *pron. dém.*	Francophonie, *n. f.*	Ressortir, *v.*
Cheval, *n. m.*	Garé(e), *adj.*	Standard, *n. m.*
Coup de téléphone, *n. m.*	Habituellement, *adv.*	Surface, *n. f.*
Culture, *n. f.*	Historique, *adj.*	Tableau, *n. m.*
Dieu, *n. m.*	Lequel, *pron. rel.*	Trouver (se), *v.*
	Maternel(le), *adj.*	

APPRENEZ

par cœur

le présent, le futur, l'imparfait, le passé composé, le plus-que-parfait et le conditionnel présent du verbe conduire.

---

1 ▸ *Exercice de substitution.*

a. J'attends <u>Nadine</u> ; et toi, <u>qui est-ce que</u> tu attends ? l'autobus — mes parents — le docteur Châtaignier.

b. Je parle de nos <u>voisins</u> ; et toi, <u>de qui</u> parles-tu ? mon fils — ma voiture — nos vacances — mon métier.

c. Je préfère les <u>brunes</u> ; et toi, <u>lesquelles</u> préfères-tu ? les tableaux anciens — le vin de Bourgogne — ce pull-over gris — le chocolat au lait.

d. Je parle <u>à cette étudiante</u> ; et toi, <u>à laquelle</u> parles-tu ? ce professeur — ces étudiantes — ces professeurs.

---

2 ▸ *Complétez avec des adjectifs et des pronoms démonstratifs.*

a. À qui sont ... livres, à Jean ? — Non, ... de Jean sont sur le bureau. ... sont ... de Paul.

b. À qui est ... voiture, au docteur Châtaignier ? — Non, ... du docteur est garée de l'autre côté de la rue. ... est ... de M. Rivot.

c. À qui est ... chien, au retraité ? — Non, ... du retraité est plus petit. ... est ... de la marchande de journaux.

d. À qui sont ... robes-là ? à Nadine ? — Non, ... de Nadine sont dans la valise. ... sont ... de Gisèle.

Pour l'exercice 2, relisez les tableaux de la page 112. Pour l'exercice 4, relisez le jeu de la page 110.

---

3 ▸ *Pour insister :* <u>*c'est ... qui ; c'est ... que*</u> *.*

*Exemples : J'ai dansé avec elle. → C'est **moi qui** ai dansé avec elle. / J'ai dansé avec **elle**. → C'est avec **elle que** j'ai dansé.*

<u>Elle</u> a choisi l'hôtel. →   Nous prendrons un <u>taxi</u>. →

<u>Marina</u> les attendra. →   Nous prendrons un taxi <u>à la gare</u>. →

<u>Nous</u> prendrons un taxi. →   Je <u>vous</u> ai vue hier soir. →

<u>Il</u> a étudié le français. →   On a choisi <u>le français.</u> →

---

4 ▸ *Complétez. Observez les différentes fonctions de* par *(le moyen, le lieu, l'agent, la cause).*

Je l'ai appris ... le journal. / Je voyage toujours ... le train. / Je ne prends jamais la route ... mauvais temps. / Il est rentré ... la porte et ressorti ... la fenêtre. / Pour aller à Cadalen, il faut passer ... Toulouse ou ... Albi. / J'ai fait prendre mon billet ... un ami. / L'enseignement du français dans le monde est donné ... 250 000 professeurs.

LEÇON 34

---

expressions et mots nouveaux

Annoncer, *v.*
Arrêter, *v.*
Commenter, *v.*
Conduire, *v.*
Différemment, *adv.*
Durement, *adv.*
Énergie, *n. f.*
Espace, *n. m.*
Exploiter, *v.*
Fixer, *v.*

Futur, *n. m.*
Gaz, *n. m.*
Jeune, *n. m.*
Minéral(e), *adj.*
Navette, *n. f.*
Nourrir, *v.*
Parce que, *conj.*
Partie, *n. f.*
Petits-enfants, *n. m. pl.*
Plutôt, *adv.*

Prêt(e), *adj.*
Profiter, *v.*
Résolu(e), *v. p. p.*
Rougir, *v.*
Souhaiter, *v.*
Spatial(e), *adj.*
Spatiodrome, *n. m.*
Voyageur, *n. m.*

---

1 ***Exercice de substitution. Refaites des phrases.***

a. *Il faut **garder la forme** ; et vous, il faut que vous **la gardiez** !*

faire du sport – boire de l'eau minérale – apprendre une langue étrangère – se coucher tôt.

b. *Je **suis sûr que** Nadine **est** contente, mais je **ne suis pas sûr** que Jean-Paul le **soit**, lui.*

a une sœur – connaît l'Italie – conduit – est heureux.

c. *Thérèse **est** là aujourd'hui, mais je doute qu'elle **soit** là demain !*

vient chez moi – peut venir – veut sortir – a le temps.

2 ***Transformez les phrases en utilisant le gérondif.***

Exemple : Ils profiteront de leur liberté, ils voyageront.
*→ Ils profiteront de leur liberté **en voyageant**.*

a. Ils seront plus heureux, ils travailleront moins durement. →
b. Ils seront plus heureux, ils auront plus de loisirs. →
c. Ils seront plus heureux, ils resteront jeunes et en bonne santé plus longtemps. →
d. Demain, on arrêtera la pollution, on utilisera les énergies douces. →
e. On ne mourra plus de faim, on exploitera la mer. →

3 ***La volonté, le souhait, la préférence. Faites des phrases en utilisant le conditionnel et le subjonctif.***

Exemple : Je vouloir / ils / ne pas venir / avec moi. → Je voudrais qu'ils ne viennent pas avec moi.

– Nous / souhaiter / ils / être heureux.
– Nous / vouloir / elle / sortir moins souvent.
– Je / préférer / vous / prendre votre voiture.
– Je / aimer mieux / vous / ne pas vendre votre maison.

4 ***Le sentiment. Faites des phrases en utilisant le subjonctif.***

– Il / être malheureux / tu / être triste.
– Je / regretter / vous / devoir partir.
– Elle / avoir peur / nous / ne pas aller au théâtre.
– Ils / regretter / leurs parents / ne pas pouvoir venir.

■ *Donner son opinion.*
■ *Discuter / réagir.*
■ *Anticiper.*

▶ *Le participe présent et le gérondif.*
▶ *La conjonction de subordination que.*
▶ *Le subjonctif présent : formation, formes irrégulières et emploi.*
▶ *Les consonnes géminées.*

● *C'est déjà demain !*

APPRENEZ

par cœur

un poème de Bonne route *que vous choisirez.*

Pour l'exercice 3, revoyez les pages 90 et 91.

MÉMENTO GRAMMATICAL

La phrase française se compose, en général, de deux groupes :
le groupe du NOM et **le groupe du VERBE**.

I. LES MODALITÉS DE LA PHRASE

Il existe en français quatre **types de phrases** :
– les **phrases déclaratives** (voir Leçon 5, p. 39) ;
– les **phrases interrogatives** (voir Leçon 4, p. 31) ;
– les **phrases impératives** (voir Leçon 16, p. 115) ;
– les **phrases exclamatives** (voir Leçon 8, p. 59).

Les types de phrases peuvent avoir une **forme affirmative** ou **négative** (voir Leçon 5, p. 39).

II. LE GROUPE DU NOM

A. Le nom

1. *Le genre des noms* (Voir Leçon 7, p. 52 et Leçon 14, p. 101.)

Pour les **êtres vivants**, le genre indique en principe le **sexe** ; pour les **choses**, le genre est **arbitraire**.
a. forme du masculin + ***e*** muet :
→ la prononciation ne change pas : *ami / amie*.
→ la prononciation change :
    – la consonne finale muette se prononce : *portugais / portugaise* ;
    – la consonne finale muette se prononce, et l'orthographe change : *chat / chatte* ;
    – la voyelle finale change : [e] → [ɛ] : *boucher / bouchère* – [œ] → [ø] : *chanteur / chanteuse* ;
    – la voyelle finale nasale change : *voisin / voisine* – *chien / chienne*.
b. suffixe différent : *correcteur / correctrice* ;
c. radical différent : *frère / sœur* ;
d. même forme pour les deux genres : *un élève / une élève* – *un secrétaire / une secrétaire*.

2. *Le nombre des noms* (Voir Leçon 8, p. 58.)

En règle générale, on ajoute un **-*s***, qui s'entend parfois dans les **liaisons** (voir Leçon 8, p. 59).
Certains mots prennent un **-*x*** : *cheveu / cheveux* – *œil / yeux*.
Les noms propres au pluriel peuvent être précédés d'un article mais ne changent pas : *les Rivot*.

B. Les déterminants (Voir Leçon 13, p. 95.)

1. *Les articles* (Voir Leçon 10, p. 73.)

	Indéfinis		Définis			
			simples		contractés (avec *à* et *de*)	
S I N G.	masc.	fém.	masc.	fém.	masc.	fém.
	un	une	le (l')	la (l')	*à* + **le** → **au** *de* + **le** → **du**	
P L U R.	des		les		*à* + **les** → **aux** *de* + **les** → **des**	
	masc.	fém.	masc.	fém.	masc.	fém.

2. Les adjectifs possessifs (Voir Leçon 12, p. 86.)

Singulier		Pluriel
Masculin	Féminin	
mon	**ma** / **mon** + voyelle	**mes**
ton	**ta** / **ton** + voyelle	**tes**
son	**sa** / **son** + voyelle	**ses**
	notre	**nos**
	votre	**vos**
	leur	**leurs**

3. Les adjectifs démonstratifs (Voir Leçon 11, p. 80.)

Singulier	Masculin	**ce, cet**
	Féminin	**cette**
Pluriel	Masculin	**ces**
	Féminin	**ces**

4. Mots indéfinis
aucun – même – autre – quelques – certains – plusieurs – tout – chaque.

C. Les substituts

1. Les pronoms personnels (Voir Leçon 31, p. 220.)

PERSONNE \ FONCTION	Sujet	Complément d'objet direct	Complément d'objet indirect (construction avec *de, à*)	Forme tonique (seule ou après préposition)
SING. 1ʳᵉ	**je**	**me, m'**	**me**	**moi**
SING. 2ᵉ	**tu**	**te, t'**	**te**	**toi**
SING. 3ᵉ	**il** **elle** **on**	**le, l', se, s'** **la, l', se, s'** **le, la, l', se, s'**	**lui, se, s'** **en, y**	**lui** **elle** **lui, elle, soi**
PLUR. 1ʳᵉ	**nous**	**nous**	**nous**	**nous**
PLUR. 2ᵉ	**vous**	**vous**	**vous**	**vous**
PLUR. 3ᵉ	**ils** **elles**	**les, se, s'**	**leur, se, s'** **en, y**	**eux** **elles**

Ordre des pronoms personnels
(Voir Leçon 31, p. 220.)

	1	2	
SUJET (*ne*) (nom ou pronom)	**me, m', te, t', se, s'** **nous, vous**	**le, la, les, en, y**	VERBE (*pas*)
	le, la, les	**lui, leur, en, y**	
	lui, leur	**en**	

2. Les pronoms possessifs (Voir Leçon 24, p. 171.)

Singulier		Pluriel	
Masculin	Féminin	Masculin	Féminin
le mien	**la mienne**	**les miens**	**les miennes**
le tien	**la tienne**	**les tiens**	**les tiennes**
le sien	**la sienne**	**les siens**	**les siennes**
le nôtre	**la nôtre**	**les nôtres**	
le vôtre	**la vôtre**	**les vôtres**	
le leur	**la leur**	**les leurs**	

3. Les pronoms démonstratifs (Voir Leçon 33, p. 235.)

a. formes simples

	Singulier	Pluriel
Masculin	**celui**	**ceux**
Féminin	**celle**	**celles**
Neutre	**ce**	

b. formes composées
Ce sont les formes simples + **-ci** ou **-là.**

4. *Les pronoms interrogatifs* (Voir Leçon 33, p. 236.)

a. les formes simples et les formes renforcées

	Personnes	Choses
Sujet	**Qui ? / Qui est-ce qui ?**	**Qu'est-ce qui ?**
Complément d'objet direct	**Qui ?** **Qui est-ce que ?**	**Que ?** **Qu'est-ce que ?**
Complément d'objet indirect	**À qui ?** **À qui est-ce que ?**	**À quoi ?** **À quoi est-ce que ?**

b. les formes composées

		Singulier	Pluriel
sujet c.o.d.	masculin	**Lequel ?**	**Lesquels ?**
	féminin	**Laquelle ?**	**Lesquelles ?**
c.o.i.	masculin	**Auquel ?** ou **Lequel ?**	**Auxquels ?** ou **Lesquels ?**
	féminin	**À laquelle ?** ou **Laquelle ?**	**Auxquelles ?** ou **Lesquelles ?**

5. *Les pronoms relatifs* (Voir Leçon 25, p. 178, et Leçon 32, p. 226.)

a. Le pronom *qui*
*J'ai des clients **qui** sont mes amis. – J'ai vu le film **qui** passe au Rex.*
1. Deux phrases deviennent une seule phrase avec une proposition **principale** (*J'ai des clients*) et une proposition subordonnée **relative** (*qui sont mes amis*).
2. *Des clients, le film* sont les **antécédents** du pronom relatif *qui*.
3. ***Qui*** est sujet du verbe de la proposition relative ; il a le même genre et le même nombre que l'antécédent.

b. Le pronom *que*
*J'ai des clients **que** je vois chaque jour. – J'ai vu le film **Que** tu as regardé à la télévision.*
1. ***Que*** est complément d'objet direct du verbe de la proposition relative ; il a le même genre et le même nombre que l'antécédent.
2. ***Que*** est placé devant le verbe ; le participe passé, dans une proposition relative, s'accorde. Exemple : *J'ai aimé **les films** que tu as vu**s**.*

c. Le pronom *dont*
*Elle a des qualités **dont** on ne parle pas.*
L'antécédent de ***dont*** est un nom complément d'objet indirect avec la préposition *de*.

d. Le pronom *où*
*La France est un pays **où** j'ai passé de belles vacances.*
Où est un pronom (on dit quelquefois aussi adverbe) relatif qui remplace un nom complément de lieu ou de temps. Exemple : *Je suis né en 1930. → 1930, l'année **où** je suis né...*

6. *Mots indéfinis*
personne – rien – un – l'un – l'autre – quelqu'un – plusieurs – tout – chacun.

D. Les adjectifs qualificatifs

Le genre et le nombre (voir Leçon 9, p. 66 et 67), Leçon 13, p. 94, et surtout Leçon 28, p. 198).

III. LE GROUPE DU VERBE

A. Morphologie du verbe

Indicatif Présent : IP – Indicatif Futur : IF – Indicatif Imparfait : II – Conditionnel Présent : CP – Passé Composé : PC – Plus-que-Parfait : PqP – Conditionnel passé : Cp – Impératif : Imp.

ACHETER : *IP* : j'achète, tu achètes, il achète, nous achetons, vous achetez, ils achètent – *IF* : j'achèterai, tu achèteras, etc. – *II* : j'achetais, tu achetais, etc. – *CP* : j'achèterais, tu achèterais, etc. – *PC* : j'ai acheté, etc. – *PqP* : j'avais acheté, etc. *Cp* : j'aurais acheté, etc. – *Imp.* : achète, achetons, achetez.

ALLER : *IP* : je vais, tu vas, il va, nous allons, vous allez, ils vont – *IF* : j'irai, tu iras, etc. – *II* : j'allais, tu allais, etc. – *CP* : j'irais, tu irais, etc. – *PC* : je suis allé(e), etc. – *PqP* : j'étais allé(e), etc. – *Cp* : je serais allé(e), etc. – *Imp.* : va, allons, allez.

AMENER : (comme ACHETER).

APPELER : *IP* : j'appelle, tu appelles, il appelle, nous appelons, vous appelez, ils appellent – *IF* : j'appellerai, tu appelleras, etc. – *II* : j'appelais, tu appelais, etc. – *CP* : j'appellerais, tu appellerais, etc. – *PC* : j'ai appelé, etc. – *PqP* : j'avais appelé, etc. – *Cp* : j'aurais appelé, etc. – *Imp.* : appelle, appelons, appelez.

APPRENDRE : (comme PRENDRE).

AVOIR : *IP* : j'ai, tu as, il a, nous avons, vous avez, ils ont – *IF* : j'aurai, tu auras, etc. – *II* : j'avais, tu avais, etc. – *CP* : j'aurais, tu aurais, etc. – *PC* : j'ai eu, etc. – *PqP* : j'avais eu, etc. – *Cp* : j'aurais eu, etc. – *Imp.* : aie, ayons, ayez.

CHANTER (+ verbes en -er) : *IP* : je chante, tu chantes, il chante, nous chantons, vous chantez, ils chantent – *IF* : je chanterai, tu chanteras, etc. – *II* : je chantais, tu chantais, etc. – *CP* : je chanterais, tu chanterais, etc. – *PC* : j'ai chanté, etc. – *PqP* : j'avais chanté, etc. – *Cp* : j'aurais chanté, etc. – *Imp.* : chante, chantons, chantez.

CHOISIR : *IP* : je choisis, tu choisis, il choisit, nous choisissons, vous choisissez, ils choisissent – *IF* : je choisirai, tu choisiras, etc. – *II* : je choisissais, tu choisissais, etc. – *CP* : je choisirais, tu choisirais, etc. – *PC* : j'ai choisi, etc. – *PqP* : j'avais choisi, etc. – *Cp* : j'aurais choisi, etc. – *Imp.* : choisis, choisissons, choisissez.

COMPRENDRE : (comme PRENDRE).

CONDUIRE : *IP* : je conduis, tu conduis, il conduit, nous conduisons, vous conduisez, ils conduisent – *IF* : je conduirai, tu conduiras, etc. – *II* : je conduisais, tu conduisais, etc. – *CP* : je conduirais, tu conduirais, etc. – *PC* : j'ai conduit, etc. – *PqP* : j'avais conduit, etc. – *Cp* : j'aurais conduit, etc. – *Imp.* : conduis, conduisons, conduisez.

CONNAÎTRE : *IP* : je connais, tu connais, il connaît, nous connaissons, vous connaissez, ils connaissent – *IF* : je connaîtrai, tu connaîtras, etc. – *II* : je connaissais, tu connaissais, etc. – *CP* : je connaîtrais, tu connaîtrais, etc. – *PC* : j'ai connu, etc. – *PqP* : j'avais connu, etc. – *Cp* : j'aurais connu, etc. – *Imp.* : connais, connaissons, connaissez.

DEVOIR : *IP* : je dois, tu dois, il doit, nous devons, vous devez, ils doivent – *IF* : je devrai, tu devras, etc. – *II* : je devais, tu devais, etc. *CP* : je devrais, tu devrais, etc. – *PC* : j'ai dû, etc. – *PqP* : j'avais dû, etc. – *Cp* : j'aurais dû, etc. – *Imp.* (pas employé).

DORMIR : *IP* : je dors, tu dors, il dort, nous dormons, vous dormez, ils dorment – *IF* : je dormirai, tu dormiras, etc. – *II* : je dormais, tu dormais, etc. – *CP* : je dormirais, tu dormirais, etc. – *PC* : j'ai dormi, etc. – *PqP* : j'avais dormi, etc. – *Cp* : j'aurais dormi, etc. – *Imp.* : dors, dormons, dormez.

ÉCRIRE : *IP* : j'écris, tu écris, il écrit, nous écrivons, vous écrivez, ils écrivent – *IF* : j'écrirai, tu écriras, etc. – *II* : j'écrivais, tu écrivais, etc. – *CP* : j'écrirais, tu écrirais, etc. – *PC* : j'ai écrit, etc. – *PqP* : j'avais écrit, etc. – *Cp* : j'aurais écrit, etc. – *Imp.* : écris, écrivons, écrivez.

ÊTRE : *IP* : je suis, tu es, il est, nous sommes, vous êtes, ils sont – *IF* : je serai, tu seras, etc. – *II* : j'étais, tu étais, etc. – *CP* : je serais, tu serais, etc. – *PC* : j'ai été, etc. – *PqP* : j'avais été, etc. – *Cp* : j'aurais été, etc. – *Imp.* : sois, soyons, soyez.

FAIRE : *IP* : je fais, tu fais, il fait, nous faisons, vous faites, ils font – *IF* : je ferai, tu feras, etc. – *II* : je faisais, tu faisais, etc. – *CP* : je ferais, tu ferais, etc. – *PC* : j'ai fait, etc. – *PqP* : j'avais fait, etc. – *Cp* : j'aurais fait, etc. – *Imp.* : fais, faisons, faites.

LIRE : *IP* : je lis, tu lis, il lit, nous lisons, vous lisez, ils lisent – *IF* : je lirai, tu liras, etc. – *II* : je lisais, tu lisais, etc. – *CP* : je lirais, tu lirais, etc. – *PC* : j'ai lu, etc. – *PqP* : j'avais lu, etc. – *Cp* : j'aurais lu, etc. – *Imp.* : lis, lisons, lisez.

METTRE : *IP* : je mets, tu mets, il met, nous mettons, vous mettez, ils mettent – *IF* : je mettrai, tu mettras, etc. – *II* : je mettais, tu mettais, etc. – *CP* : je mettrais, tu mettrais, etc. – *PC* : j'ai mis, etc. – *PqP* : j'avais mis, etc. – *Cp* : j'aurais mis, etc. – *Imp.* : mets, mettons, mettez.

PAYER : *IP :* je paie, tu paies, il paie, nous payons, vous payez, ils paient – *IF :* je paierai, tu paieras, etc. – *II :* je payais, tu payais, etc. – *CP :* je paierais, tu paierais, etc. – *PC :* j'ai payé, etc. – *PqP :* j'avais payé, etc. – *Cp :* j'aurais payé, etc. – *Imp. :* paie, payons, payez.

PERDRE : *IP :* je perds, tu perds, il perd, nous perdons, vous perdez, ils perdent – *IF :* je perdrai, tu perdras, etc. – *II :* je perdais, tu perdais, etc. – *CP :* je perdrais, tu perdrais, etc. – *PC :* j'ai perdu, etc. – *PqP :* j'avais perdu, etc. – *Cp :* j'aurais perdu, etc. – *Imp. :* perds, perdons, perdez.

POSSÉDER : (comme PRÉFÉRER).

POUVOIR : *IP :* je peux, tu peux, il peut, nous pouvons, vous pouvez, ils peuvent – *IF :* je pourrai, tu pourras, etc. – *II :* je pouvais, tu pouvais, etc. – *CP :* je pourrais, tu pourrais, etc. – *PC :* j'ai pu, etc. – *PqP :* j'avais pu, etc. – *Cp :* j'aurais pu, etc. – *Imp.* (pas employé).

PRÉFÉRER : *IP :* je préfère, tu préfères, il préfère, nous préférons, vous préférez, ils préfèrent – *IF :* je préférerai, tu préféreras, etc. – *II :* je préférais, tu préférais, etc. – *CP :* je préférerais, tu préférerais, etc. – *PC :* j'ai préféré, etc. – *PqP :* j'avais préféré, etc. – *Cp :* j'aurais préféré, etc. – *Imp. :* préfère, préférons, préférez.

PRENDRE : *IP :* je prends, tu prends, il prend, nous prenons, vous prenez, ils prennent – *IF :* je prendrai, tu prendras, etc.– *II :* je prenais, tu prenais, etc. – *CP :* je prendrais, tu prendrais, etc. – *PC :* j'ai pris, etc.– *PqP :* j'avais pris, etc. – *Cp :* j'aurais pris, etc. – *Imp. :* prends, prenons, prenez.

RECEVOIR : *IP :* je reçois, tu reçois, il reçoit, nous recevons, vous recevez, ils reçoivent – *IF :* je recevrai, tu recevras, etc. – *II :* je recevais, tu recevais, etc. – *CP :* je recevrais, tu recevrais, etc. – *PC :* j'ai reçu, etc. – *PqP :* j'avais reçu, etc. – *Cp :* j'aurais reçu, etc. – *Imp. :* reçois, recevons, recevez.

RÉPÉTER : (comme PRÉFÉRER).

SAVOIR : *IP :* je sais, tu sais, il sait, nous savons, vous savez, ils savent – *IF :* je saurai, tu sauras, etc. – *II :* je savais, tu savais, etc. – *CP :* je saurais, tu saurais, etc. – *PC :* j'ai su, etc. – *PqP :* j'avais su, etc. – *Cp :* j'aurais su, etc. – *Imp. :* sache, sachons, sachez.

VENDRE : *IP :* je vends, tu vends, il vend, nous vendons, vous vendez, ils vendent – *IF :* je vendrai, tu vendras, etc. – *II :* je vendais, tu vendais, etc. – *CP :* je vendrais, tu vendrais, etc. – *PC :* j'ai vendu, etc. – *PqP :* j'avais vendu, etc. – *Cp :* j'aurais vendu, etc. – *Imp. :* vends, vendons, vendez.

VENIR : *IP :* je viens, tu viens, il vient, nous venons, vous venez, ils viennent – *IF :* je viendrai, tu viendras, etc. – *II :* je venais, tu venais, etc. – *CP :* je viendrais, tu viendrais, etc. – *PC :* je suis venu(e), etc. – *PqP :* j'étais venu(e), etc. – *Cp :* je serais venu(e), etc. – *Imp. :* viens, venons, venez.

VIVRE : *IP :* je vis, tu vis, il vit, nous vivons, vous vivez, ils vivent – *IF :* je vivrai, tu vivras, etc. – *II :* je vivais, tu vivais, etc. – *CP :* je vivrais, tu vivrais – *PC :* j'ai vécu, etc. – *PqP :* j'avais vécu, etc. – *Cp :* j'aurais vécu, etc. – *Imp. :* vis, vivons, vivez.

VOIR : *IP :* je vois, tu vois, il voit, nous voyons, vous voyez, ils voient – *IF :* je verrai, tu verras, etc. – *II :* je voyais, tu voyais, etc. – *CP :* je verrais, tu verrais, etc. – *PC :* j'ai vu, etc. – *PqP :* j'avais vu, etc. – *Cp :* j'aurais vu, etc. – *Imp. :* vois, voyons, voyez.

VOULOIR : *IP :* je veux, tu veux, il veut, nous voulons, vous voulez, ils veulent – *IF :* je voudrai, tu voudras, etc. – *II :* je voulais, tu voulais, etc. – *CP :* je voudrais, tu voudrais, etc. – *PC :* j'ai voulu, etc. – *PqP :* j'avais voulu, etc. – *Cp :* j'aurais voulu, etc. – *Imp.* (pas employé, sauf *veuillez*).

Certains verbes se conjuguent avec **deux pronoms** de la **même personne :** ce sont les verbes pronominaux (voir Leçon 23, p. 164).

a. Le présent, le passé composé, le futur (voir Leçon 19, remarque 1, p. 136).

Le temps :		Passé	Présent	Futur
Les formes verbales :	Passé composé		Présent	Futur

b. L'imparfait
L'imparfait place une action dans le passé ; il n'indique ni le début, ni la fin de cette action (voir Leçon 26, p. 184).

c. Le passé composé
Le passé composé place une action dans le passé ; il indique une action terminée (voir Leçon 26, p. 184).

d. Le plus-que-parfait
Le plus-que-parfait place une action dans le passé, avant ou en même temps que l'imparfait ; il indique une action terminée (voir Leçon 27, p. 192).

e. Le conditionnel (voir Leçon 30, p. 212) :
– le conditionnel de politesse ;
– le conditionnel : résultat imaginaire.

f. Le subjonctif (voir Leçon 34, p. 240).

g. L'impératif (voir Leçon 16, p. 115).
Avec l'impératif, on donne des ordres, des conseils, des interdictions.

IV. LES FONCTIONS

A. Les fonctions du nom

Le nom peut être : **sujet, complément d'objet direct, complément d'objet indirect** (avec *à* et *de*), **complément circonstanciel.**

B. Les compléments du nom

a. Les adjectifs qualificatifs.

b. Le complément du nom avec *de*.

c. La proposition relative (voir Leçon 25, p. 178, et Leçon 32, p. 226).

C. Les compléments du verbe

a. Le complément d'objet direct, nom ou pronom (voir Leçon 22, p. 156).

b. Le complément d'objet indirect, nom ou pronom (voir Leçon 22, p. 157).

c. Le complément circonstanciel, nom ou pronom.

d. La proposition subordonnée complétive par *que* (voir Leçon 34, p. 240).

INDEX DES EXPRESSIONS ET MOTS NOUVEAUX

Le numéro indique la leçon où le mot apparaît pour la première fois.

20 croiser
16 croissant
10 cuisine
32 cultivateur
27 cultiver
26 se cultiver
33 culture
28 curieux (curieuse)
21 curriculum vitae

D

17 d'abord
4 d'accord
5 dactylo
29 d'ailleurs
7 dame
29 dangereux
   (dangereuse)
3 dans
3 danser
27 d'avance
25 davantage
3 de
19 de bonne heure
30 de côté
23 de gauche
27 de nos jours
30 dé
29 débrouillard(e)
29 se débrouiller
19 décider
17 défaut
17 déjà
5 déjeuner
9 délicieux
   (délicieuse)
9 demain
15 demander
13 déménager
2 demi *(nom)*
2 demi(e)
26 démocratisation
24 dent
12 dentiste
20 départ
27 département
23 se dépêcher
12 dépenser
8 depuis
12 derrière
3 des
24 désagréable
18 descendre
5 désirer
9 désolé(e)
15 dessert
26 dessin animé
3 détester
7 devant
25 devenir
21 deviner
20 devoir
15 d'habitude
30 diamant
28 dictionnaire
33 dieu
34 différemment
8 différent(e)
13 difficile
2 dîner *(nom)*
5 dîner *(verbe)*
17 diplôme
28 direct(e)
21 directeur
9 dis donc !
17 disco

28 discret (discrète)
31 disons
14 dispute
27 se disputer
26 se distraire
24 divorcer
20 dizaine
7 docteur
26 documentaire
21 don
18 donc
10 donner
17 dormir
29 doucement
23 se doucher
26 douter
28 doux (douce)
16 douzaine
6 droit
20 droit(e)
28 drôle
30 drôlement
4 du
33 duquel
22 dur(e)
34 durement
28 dynamique
21 dynamisme

E

15 eau
32 échanger
19 échecs
17 échouer
8 école
17 économe
12 économie
30 économiser
26 écoute
3 écouter
23 écran
8 écrire
27 écurie
29 égal(e)
29 égalité
10 église
28 égoïste
15 eh bien !
23 électrique
22 électronique
8 élégant(e)
29 élevé(e)
27 élever
3 elle / elles
25 embouteillage
18 embrasser
26 émission
29 emmener
17 emploi
20 employé
22 employeur
3 en
5 en avance
20 en forme
23 en marche
5 en retard
1 enchanté(e)
6 encore
31 s'endormir
30 endroit
34 énergie
28 énergique
28 enfance
7 enfant
9 enfin
30 ennui

26 énorme
33 enseignement
33 enseigner
25 ensemble
10 ensuite
17 entendre
24 s'entendre
2 entendu !
33 entier (entière)
10 entre
13 entrée
29 entreprise
9 enveloppe
25 environnement
30 épargne
2 épeler
18 épouse
21 épouser
24 époux
9 erreur
14 escalier
34 espace
8 espagnol(e)
12 espèces
8 espérer
19 essayer
20 estomac
4 est-ce que...
1 et
12 et puis
27 étable
33 établi(e)
33 établissement
9 étage
29 état
8 étranger
1 être
17 études
5 étudiant(e)
3 étudier
19 euh
32 européen
   (européenne)
6 eux
29 exactement
11 exagérer
17 examen
28 excellent(e)
20 excuse
5 excuser
17 exemple
31 exercice
21 expérience
17 explication
31 expliquer
34 exploiter
21 export
4 exposition

F

22 fabrication
6 facile
17 facilement
32 façon
30 faim
31 fait divers
10 falloir (il faut)
31 familial(e)
7 famille
6 fatigué(e)
28 faute
19 fauteuil
29 féminin(e)
7 femme
18 fenêtre
18 ferme

19 fermer
10 festival
19 fête
25 feu
24 se fiancer
29 fier (fière)
20 fièvre
24 figure
7 fille
2 film
7 fils
24 fin
17 finir
21 firme
34 fixer
19 fleur
17 fois
11 foncé(e)
33 fond
19 foot(ball)
32 forêt
21 formation
24 fort(e)
11 fou (un monde fou)
29 foyer
12 frais
12 franc
3 français(e)
14 franco-portugais
32 francophone
33 francophonie
7 frère
21 frisé(e)
20 froid
32 froid(e)
15 fromage
15 fruit
34 futur

G

12 gagner
8 gai(e)
13 garage
2 garçon
29 garder
25 gardien
9 gare
33 garé(e)
16 gâteau
34 gaz
22 gendre
28 général(e)
20 genou
7 gens
8 gentil(le)
32 géographie
1 geste
15 gigot
16 glace
20 gorge
16 gourmand
11 goût
5 goûter
32 gouvernement
32 gouverner
8 grand(e)
7 grand-mère
7 grand-père
13 grandir
7 grands-parents
27 grange
20 grave
20 grippe
11 gris(e)
8 gros (grosse)
27 guerre

9 guitare
19 gymnastique

H

25 habitant
27 habitation
3 habiter
33 habituellement
15 haricot
24 hasard
26 hebdomadaire
27 hectare
10 hein !
7 hélas
19 herbe
2 heure
18 heureusement
7 heureux (heureuse)
24 histoire
33 historique
8 homme
28 honnête
10 hôpital
2 horloge
31 horoscope
7 hôtel
21 hôtelier
   (hôtelière)
16 huile
20 huitaine
21 humain(e)
28 humeur
28 humoristique

I

5 ici
10 idée
32 île
3 ils
26 image
13 imaginer
13 immeuble
23 s'impatienter
11 imperméable
21 import
29 important(e)
12 impôts
32 impression
23 inactif (inactive)
22 indépendance
29 indépendant(e)
32 individualiste
32 individuel(le)
27 industriel
27 inflation
26 information
22 informatique
26 informer
14 ingénieur
20 inquiet
   (inquiète)
31 inquiétant(e)
20 s'inquiéter
31 inquiétude
25 insécurité
25 s'installer
2 instant
17 institut
8 intelligent(e)
8 intéressant(e)
30 intéresser
6 international(e)
6 interprète
14 inviter
28 ironique

Table des matières

Leçon	Pages	Objectifs linguistiques	Objectifs grammaticaux	Pour aller plus loin
18	4 à 11	• Inviter. • Refuser, accepter une invitation. • Raconter.	• Le passé composé avec être. • Les verbes à deux auxiliaires. • Les verbes naître et mourir. • Il y a... heure(s)..., mois..., an(s). • Les sons [s] / [z].	*Partir*
19	12 à 17	• Faire des projets. • Exprimer ses préférences. • Exprimer son désaccord.	• Le futur des verbes visiter, finir, attendre, boire, être, avoir, aller, venir et faire. • Le pronom en. • Verbe + verbe à l'infinitif. • Les sons [ə], [œ] / [ɛ̃], [ɔ̃].	*Temps libre*
20	18 à 25	• Demander / donner des nouvelles de quelqu'un. • Rassurer. • Conseiller.	• Le verbe devoir et l'obligation. • Le verbe pouvoir et la possibilité. • Le verbe vouloir et la volonté. • Le son -e muet [ə].	*Malade ou bien portant ?*
21	26 à 31	• Raconter. • Se souvenir. • Exprimer sa surprise.	• Le verbe connaître au présent, au passé composé et au futur. • Il est... / C'est un... • Les pronoms personnels le, la, les et leur place. • Les sons [ʃ] / [ʒ].	*Carrières et emplois*
22	32 à 39	• Donner son opinion. • Argumenter.	• Le verbe savoir au présent, au passé composé et au futur. • Les pronoms me, te, nous, vous, compléments d'objet direct et compléments d'objet indirect. • Les pronoms lui et leur. • Les pronoms : place et ordre. • Les sons [k] / [g].	*Préparer l'avenir*
23	40 à 45	• Raconter au présent. • Monologuer.	• Les verbes pronominaux. • Se lever, se promener, s'appeler. • Le verbe ouvrir au présent, au passé composé et au futur. • Les sons [t] / [d].	*Actives, inactives*
24	46 à 53	• Raconter au passé et au présent.	• Les verbes pronominaux. • Les adjectifs et les pronoms possessifs. • Les sons [o] / [ɔ].	*Un peu, beaucoup, plus du tout...*
25	54 à 59	• Exprimer ses sentiments. • Donner son opinion, la justifier.	• Les pronoms relatifs qui et que. • Le pronom y. • Le verbe avoir au présent, au passé composé et au futur. • Les sons [f] / [v].	*La ville est un carrefour*
26	60 à 67	• Interpréter des chiffres. • Évoquer le passé. • Anticiper.	• L'imparfait : formation et emploi. • L'imparfait et le passé composé : emploi. • Les verbes lire et écrire au présent, au passé composé, à l'imparfait et au futur. • Les sons [e] / [ø] / [o].	*Lire, écouter, voir*

27	68 à 73	• Raconter au passé et au présent. • Comparer deux époques.	• Le plus-que-parfait. • Le plus-que-parfait et l'imparfait. • Le plus-que-parfait et le passé composé. • Le verbe dire. • Les sons [ɥ] / [w].	*Ma région*
28	74 à 81	• Parler d'une personne au présent et au passé. • Parler d'une personne avec humour et ironie.	• L'accord de l'adjectif : rappel et synthèse. • Le féminin / le pluriel de l'adjectif qualificatif. • Les adverbes de manière en -ment. • Les sons [i] / [j].	*Femme, épouse et secrétaire*
29	82 à 87	• Exprimer son opinion. • Argumenter. • Anticiper.	• Le comparatif. • Le superlatif relatif / le superlatif absolu. • Les sons [m] / [n] / [ɲ].	*Masculin, féminin*
30	88 à 95	• Suggérer. • Répondre à une suggestion. • Faire un choix.	• Le conditionnel : formation et emploi. • Si + verbe à l'imparfait : souhait ou suggestion. • Les sons [a] /[ɑ̃].	*À vous de jouer*
31	96 à 101	• Interroger, répondre et justifier. • Nuancer.	• L'ordre des pronoms dans la phrase : synthèse et le cas de l'impératif. • Le verbe dormir au présent, au futur, à l'imparfait, au passé composé, au plus-que-parfait et au conditionnel présent et passé. • Les sons [ɛ̃] / [ɛ] / [ɑ̃].	*Heureux*
32	102 à 109	• Exprimer ses goûts, ses préférences / les justifier. • Caractériser des personnes.	• Les pronoms relatifs qui et que : révision. • Les pronoms relatifs dont et où. • Le verbe recevoir au présent, au futur, à l'imparfait, au passé composé, au plus-que-parfait et au conditionnel présent et passé. • Les sons [ɔ̃] / [ɔ], [ɛ̃] / [ɑ̃].	*France(s)*
33	110 à 115	• Rechercher / donner une information.	• Les pronoms démonstratifs. • Les pronoms interrogatifs. • La liaison : les voyelles nasales.	*Francophonies*
34	116 à 123	• Donner son opinion. • Discuter / réagir. • Anticiper.	• Le participe présent et le gérondif. • La conjonction de subordination que. • Le subjonctif présent. • Les consonnes géminées.	*C'est déjà demain !*

Travail à la maison

Leçons	Pages
18	11
19	24
20	25
21	38
22	39
23	52
24	53
25	66
26	67
27	80
28	81
29	94
30	95
31	108
32	109
33	122
34	123

Abréviations utilisées dans le lexique

adj. : adjectif.
adj. comp. : adjectif composé.
adj. dém. : adjectif démonstratif.
adj. exclam. : adjectif exclamatif.
adj. indéf. : adjectif indéfini.
adj. interrog. : adjectif interrogatif.
adj. inv. : adjectif invariable.
adj. poss. : adjectif possessif.
adv. : adverbe.
adv. interrog. : adverbe interrogatif.
adv. interrog. négatif : adverbe interro-négatif.
art. : article.
art. indéf. : article indéfini.
conj. : conjonction.
f. : féminin.
f. sing. : féminin singulier.
f. plur. : féminin pluriel.
interj. : interjection.

loc. : locution.
loc. adv. : locution adverbiale.
loc. indéf. : locution indéfinie.
loc. prép. : locution prépositionnelle.
m. : masculin.
m. plur. : masculin pluriel.
m. sing. : masculin singulier.
n. : nom.
n. f. : nom féminin.
n. m. : nom masculin.
prép. : préposition.
pron. : pronom.
pron. dém. : pronom démonstratif.
pron. indéf. : pronom indéfini.
pron. interrog. : pronom interrogatif.
pron. pers. : pronom personnel.
v. : verbe.
v. p.p. : verbe participe passé.
v. pron. : verbe pronominal.

TABLE DES ILLUSTRATIONS

Achevé d'imprimer en mai 1991
N° d'édition 04 / N° de collection 40 / N° d'impression P 37696
Dépôt légal 2752-05/1991
Imprimé en France

15/4735/5